Kingdom of God :
Its Meaning and Mandate

에드워드 힉스, '평화로운 왕국'

Edward Hicks, The Peaceable Kingdom (1834)
National Gallery of Art, Washington, DC.

창영진 어머니 오늘의 시편

오늘부터다

Copyright ⓒ 1989 by Joel B. Green
Originally published in English under the title
Kingdom of God : It's Meaning and Mandate
by Joel B. Green, 1011 North Holliston Avenue Pasadena, CA91104 USA

Korean Edition ©2021 by Korea Touch Books
2nd floor, 800, Tongil-ro, Deogyang-gu, Goyang-si, Gyeonggi-do, Republic of Korea

이 책의 한국어판 저작권은 저자 Joel B. Green과 독점 계약한 터치북스에 있습니다.
신저작권법에 의하여 한국 내에서 보호를 받는 저작물이므로
무단전재와 복제를 금합니다.

KINGDOM OF GOD

하나님 나라

성경적 의미와 오늘의 사명

조엘 B. 그린

터치북스

추천의 글

무엇 하나 거창할 것 없는 매일의 일상이 반복되고 특별할 것 없어 보이는 일상의 순간들이야말로 가장 큰 은혜요 선물이었음을 우리는 뼈저리게 절감하고 있다. 그 일상이야말로 하나님의 일반 은혜와 특별 은혜가 가장 강하게 서려 있는 순간이다. 일상 속에는 감출 수 없는 하나님 나라의 비밀이 숨어 있다.

이 책은 성경이 말하는 하나님 나라, 그리고 그 하나님 나라가 오늘 우리의 일상과 얼마나 깊은 관계가 있는지를 잘 안내한다. 하나님 나라가 하나님의 주권과 사랑의 통치가 미치는 모든 곳에, 모든 사람의 삶의 자리에 있음을 일깨운다. 이 책을 읽는 독자들은 분명 우리에게 선물로 주어진 일상을 내버려 두지 않고 하나님 나라를 구하는 일, 하나님 나라를 섬기는 일을 그 일상의 중심에 두게 될 것이다. 그래서 하늘 소망이 이 땅을 떠난 먼 희망이 아니라 우리의 삶과 이웃의 삶 속에서, 온 세상 속에서 넘실대는 것을 보며 참 소망과 기대로 일하고 충만한 즐거움으로 일상을 살아갈 수 있기를 기대한다. 부족한 우리의 삶을 통해 하나님의 현존이 오롯이 드러나기를 기도하며 마음 다해 이 책을 추천한다.

오준규 낮은마음교회 담임목사

이 책은 그리스도인이 하나님 나라의 의미와 명령이 무엇인지를 숙고하도록 하기 위해 쓰여졌다. 들어가는 글을 포함해 4장으로 구성된 짧은 글에 불과하지만 하나님 나라의 현재성과 미래성의 의미가 잘 담긴 도표를 포함해 함께 생각해 볼 질문 등 풍성한 자료를 제공한다.

저자는 개인의 회심만으로 하나님 나라를 추구하는 것에 대해 경고한다. 하나님 나라는 하나님의 왕적 통치와 밀접하게 연결되어 있는데, 그 나라를 구한다는 것은 지금 여기에서 하나님의 왕적 통치가 현존하기를 간구하는 것이다. 그러나 동시에 이는 그리스도가 다시 오셔서 만물을 새롭게 하실 때까지는 충만하고 완전한 현존이 아직 이르지 않았음을 깨닫는 것이다.

이 책은 하나님 나라의 의미와 명령이 무엇인지를 최고로 명쾌하게 설명한 책 중 하나다. 하나님 나라를 교회의 사명과 제자도에 연결하는 방식은 교회 지도자라면 모두가 마땅히 배워야 할 만큼 무척 탁월하다. 하나님 나라에 대한 예수님의 가르침이 우리의 목회 신학을 형성하고, 우리의 영적 돌봄에 있어 근원적 힘을 강력하게 호

소하는 이 책을 적극 추천한다.

토니 스티프 그리스도 장로교회 목사

이 책은 하나님 나라에 대한 기독교적인 또는 비기독교
적인 다양한 개념을 이해하는 데 큰 도움을 주는 짧지만
알찬 책이다. 저자가 분명하게 보여 주듯이, 하나님 나라
에 대한 이해는 선교와 전도와 제자도를 어떻게 이해해
야 하는지에 대한 문제와 직결되어 있다. 예수님의 하나
님 나라에 대한 선언과 사명이 메시아 시대에 대한 유대
인의 개념을 어떻게 이끌어 냈는지를 보여 주는 이 책에
시간을 투자할 가치가 있다.

마이클 S. 휴즈 아마존 서평가

Kingdom of God

차례

추천의 글	6
한국의 독자에게	12
들어가는 글	16

1. 마지막을 먼저 생각하라
21

2. 하늘에서와 같이
45

: 하나님 나라에 대한 예언자적 관점

3. 당신의 나라가 오게 하시며
71

: 하나님 나라에 대한 묵시적 관점

4. 하나님 나라를 구한다는 것
95

: 예언자적 관점과 묵시적 관점의 통합

옮긴이의 글	124

한국의 독자에게

이 책이 한국의 독자들을 만나게 된 것을 매우 기쁘게 생각한다. 성경이 말하는 하나님 나라의 도전은 시간을 초월하기 때문에 세대를 거듭해 계속 선포되어야 한다.

성경 전체 이야기를 설명하는 방법은 많지만, 왕이신 하나님의 통치를 빼놓고 말할 수 있는 방법은 없다. 창조, 구속, 그리고 완성 안에서 발견되는 하나님의 목적을 떠나서는 어떤 성경 이야기도 존재할 수 없기 때문이다.

하나님은 지금도 일하고 계신다는 것! 하나님이 왕으로 다스리고 계신다는 이 사실에 집중할 때, 이 세상에서 지금도 활동하시는 하나님이 우리의 반응을 요청하고 계신다는 사실을 우리는 깨닫게 된다. 우리는 그 요구에 저항하거나 하나님 나라를 섬기거나 둘 중 하나만 선택할 수 있다. 즉 제자도의 본질은 하나님의 역사하심에 반응하는 것이다. 하나님 나라의 백성은 하나님이 이 세상에서 무슨 일을 하고 계시는지 분별하고, 그것에 근거해 그 일을 섬기며 살도록 부르심 받았다.

우리가 "하나님 나라가 임하시오며"라고 기도할 때 우리는 그 나라가 하나님의 것임을 깨닫는다. 우리가 하나님 나라를 임하게 하거나, 확장하거나, 세우는 것이 아니다. 하나님 나라는 하나님이 이 세상에서 왕으로 통치하시는 것이다. 물론 이러한 기도는 우리가 하나님 나라에 초점을 맞추고 재정돈해야 함을 깨닫게 한다. 이렇게 함으로써 우리는 하나님의 통치를 받아들이고 하나님의 백성으로서 우리의 삶에서 그분의 나라를 섬기게 된다. 즉 분명 하나님 나라는 우리를 초대하고, 나아가 우리 삶, 가정, 교회 그리고 다른 사람과의 관계를 포함한 우리의 전부를 하나님께 드리라고 명령한다.

이 책을 쓴 이후, 나는 지속적으로 하나님 나라의 성경적 메시지를 연구하고 설교하고 또 가르쳤다. 그 결과 나는 예수님이 제자들과 자신을 대적하는 이들에게 어떻게 대응했는지에 대해 우리 모두 경청해야 한다는 확신이 들었다. 사람들은 하나님 나라가 '언제' 올지 또는 '어디에' 임할지 알고 싶어 한다. 그러나 우리가 정말로 물어야 할 것은 '무엇을' 그리고 '그래서 어떻게'라는 질문이다. 하나님은 이 세상에서 어떤 일을 하고 계시는가? 만약 우리가 하나님이 이 세상에서 어떤 일을 하고 계신지 알게 된다면, 그리스도를 따르는 우리의 삶에 어떤 변화를 가져올 것인가?

그래서 나는 이 책을 놓고 기도한다. 하나님의 백성

이 자신의 삶 가운데 하나님의 다스림을 점점 더 깨달아
가면서 하나님을 섬기는 자로서 하나님께 더욱 신실하게
반응하기를.

조엘 B. 그린

들어가는 글

미국 IVP와 처음으로 함께 작업한 《어떻게 예언서를 읽을 것인가》에서, 나는 '백 투 더 퓨처' 즉 과거로 돌아가 미래로 생각하는 이야기에 대해 말했다. 그 책에서 나는 마지막 때를 마음에 품는 것이 오늘을 위한 우리의 제자도에 중요하다는 사실을 보여 주고자 했다. 종말의 시간표와 예수님의 재림에 대한 추측이 난무했던 70~80년대에, 나는 다른 많은 그리스도인처럼 다소 음울한 시절을 보냈다. 그럼에도 불구하고 나는 다가올 시대에 대한 하나님의 비전을 묵상하는 것이 이 시대를 신실하게 살아가는 것과 서로 떼려야 뗄 수 없는 관계가 있다는 사실을 부인하기 어려웠다.

신약학을 공부할수록 이것이 예수님과 신약성경 저자들의 가르침이라고 생각하게 되었기 때문이다. 그래서 예수 그리스도를 통해 하나님이 처음으로 이 땅에 오신 것과 다시 오겠다는 그분의 약속이 내포하는 "논리적 결과"가 무엇인지 나는 곱씹어 보았다.

나는 하나님 나라에 관한 연구를 이어갔고, 이와 같은 미래와 현재의 상호연관성을 확신하게 되었다. 그 결과 나는 하나님이 인간사에 침투해 오실 것이라는 메시지가 현실의 삶에 어떤 영향을 주는지를 더욱 탐구하고 싶어졌다. 이 책을 준비하면서, 하나님 나라의 현존이 오늘을 사는 그리스도인들의 사명에 어떤 영향을 주는지를 더 연구할 기회를 얻었다.

나는 이 책을 쓰면서 많은 사람과 소통하고 그들에게 큰 도움을 받았다. 미국 연합 감리교에서 개최하는 캘리포니아–네바다 연례 총회(California-Nevada Annual

Conference)에 소속된 복음주의 갱신 연합회(Evangelical Renewal Fellowship)의 평신도와 목회자들, 라졸라 장로교회의 구성원들, 뉴 칼리지 버클리(New College Berkeley)와 펠로우십 성경 학교(Fellowship Bible Institute)의 학생들 한 명 한 명에게 감사의 마음을 전하고 싶다. 특별히 많은 대화를 나누며 하나님 나라를 지향하는 사역을 함께 감당했던 동료 마크 로 브랜슨(Mark Lau Branson)에게 감사한다.

이 책의 메세지가 가진 영향력을 현실적으로 고민해 볼 수 있는 좋은 기회를 제공해 준 버클리 긴급 푸드 프로젝트(Berkeley Emergency Food Project)에 감사하고, 하나님의 은혜를 끝없이 나에게 흘려보내 준 나의 가족, 팜, 애론, 앨리슨에게 정말로 고맙다.

특별한 언급이 없다면, 책에 나오는 모든 성경 구절은 모두 내가 번역한 것이다.●

● 역서에서는 개정개정판을 사용했다 – 옮긴이

"그러므로 형제들아 주께서 강림하시기까지 길이 참으라

보라 농부가 땅에서 나는 귀한 열매를 바라고 길이 참아

이른 비와 늦은 비를 기다리나니

너희도 길이 참고 마음을 굳건하게 하라

주의 강림이 가까우니라"

야고보서 5:7-8

1장

마지막을
먼저 생각하라

평범한 하루의 저녁을 보내고 있는 당신을 상상해보라. 평소처럼 가족 혹은 친구들과 함께 저녁 식사를 하거나 개인적인 일에 열중하고 있는 모습을 그려보라. 평범했던 하루를 마무리하며 일상적으로 해왔던 일을 하는 자신을 마음속에 떠올려보라.

갑자기 전화벨이 울리고, 당신은 전화를 받는다. 당신은 곧바로 전화를 건 상대방이 전혀 모르는 사람이라는 것을 깨닫는다. 당신은 누군가 전화를 잘못 걸었다고 생각할 것이다. 하지만 당황스럽게도 상대방은 당신에게 세상의 종말에 대해 열정적으로 이야기하기 시작한다. 상대는 수화기 너머로 마지막 때가 언제인지, 그때가 오고 있다는 징표는 무엇인지에 대해 자세히 설명한다. 그는 계속해서 하나님이 역사의 종말을 언제 선언하실지, 예수님이 모든 이들의 주님으로 언제 다시 오실지에 대해 이야기한다.

이럴 경우, 당신은 뭐라고 할 것인가? 상대방에게 어떻게 반응할 것인가? 누군지도 모르는 사람이 당신에게 전화를 걸어 종말에 대한 소식을 전한다면, 어떻게 반응하겠는가?

이런 상황은 여러분의 상상을 돕기 위해 만들어 낸 이야기가 아니다. 이 일은 실제로 있었던 일이다. 바로 나에게 말이다. 어느 목요일 저녁 나는 전화 한 통을 받았다. 상대방은 자신을 뉴저지 출신의 컴퓨터 프로그래머라고 소개했다. 그러고는 곧바로 이 세상을 위한 하나님의 계획과 빠른 시간 안에 그것이 어떻게 이뤄질지에 대한 비밀을 알려 주었다.

이 일이 처음 있던 그날 이후로 한동안, 그 사람은 나에게 지속적으로 전화를 해왔고 마지막 때에 대해 더 구체적인 이야기를 늘어놓았다. 또 한 번은 전단지 수십 장을 우편으로 보내기도 했다. 거기에는 하나님의 계획이 고대 문서에 분명하게 기록되어 있다는 사실을 입증하는 정보가 담긴 도표들이 가득했다.

그 사람은 성경, 그중에서도 다니엘서나 요한계시록 같은 문서를 자세히 연구했다. 그는 제2에스드라서(2 Esdras)와 시발린의 예언(Syballine Oracles) 같은 정경이 아닌 유대교 및 기독교 문헌들을 2차 텍스트로 삼아 자신이 연구한 결과를 입증하려 했다. 이런 옛 문헌들에 당시 유행했던 '아메리칸 파이'(American Pie)라는 노래에서 얻은 통찰력을 적용했다. (그는 나에게 '파이'(PIE)는 사실 '마지막 때와 관련된 예언'(Prophecy Involving the End)이라는 비밀 코드라고 설명했다.) 그는 위에서 언급된 증거들을 가지고 마지막 때를 장식할 주요 사건들을 연대기 순서대로 다음과 같이 나열할 수 있다고 나를 설득했다.

• 미국 대통령이 취임하고 6년째 되는 해 6월 6일, 대통령은 큰 고통 속에서 자연사할 것이고 그때 헬리 혜성이 보일 것이다.

1장 마지막을 먼저 생각하라   **23**

- 새 대통령이 취임하겠지만 짧은 기간만 재임할 것이고, 곧바로 존 F. 케네디에게 암살당할 것이다.
- 케네디는 곧바로 추종자들을 광범위하게 얻을 것이고 세계를 선도하는 지도자가 될 것이다. 그러나 그의 지도력은 짧은 기간 동안만 영향력을 행사할 것이다. 왜냐하면 그의 영향력은 핵이 유발한 전 세계적 재앙으로 인해 끝이 날 것이기 때문이다.

이런 조금은 단순한 계산과 함께 그는 위에서 말한 그해 그날에 이 놀라운 사건들이 연속으로 일어나기 시작할 것이고 이미 이렇게 정해져 있다고 말했다. 즉 새로운 행정부가 들어선 지 6년째가 되면 그해 6월 6일에 일련의 일들이 일어나기 시작할 것이고, 특별히 그날 대통령은 죽게 되어 있다는 것이다.

그리고 그날, 그러니까 그가 그토록 말했던 금요일이 되기 전 그는 나에게 마지막으로 전화를 했다. 이 뉴저지 출신의 사람은 토요일에 다시 전화하겠다고 했지만, 다음날 나는 전화를 받지 못했다. 단지 포장하고 발송하는 과정에서 망가져 버린 그의 우편물을 받았다.

당신은 이 이야기에 대해 어떻게 생각하는가? 당신이라면 이렇게 계속해서 걸려오는 전화에 어떻게 반응하겠는가? 만약 당신이 나였다면, 어떻게 대응했겠는가?

대부분의 사람은 고개를 좌우로 젓거나, 한숨을 내뱉으며 혀를 찰 것이다. 우리는 오래전 할 린지(Hal Lindsey)●의 이야기를 떠올리면서 의아해할 것이다. **언제 사람들이 성숙해져서 마지막 때를 추측하고 계산하는 이런 일을 그만두고 일상의 삶을 살아갈 것인가?**

이 이야기와 관련된 또 다른 사람이 한 명 더 있다. 건강 관리 전문직에 종사하는 그녀는 나에게 절대로 그 남자에게 틀렸다고 말하지 말라고 충고했다. 그의 희망을 깨버리면 그를 실제로 낭떠러지에 서게 할 수도 있다면서.

종말에 몰두해 있는 사람들은 무언가 모자란 것 같다. 깨어 있는 모든 시간을 마지막 때를 계산하는 데 할애하는 사람들은 어딘가 나사가 풀린 것처럼 보인다. 우리는 "그들은 제정신이 아니다"라고 말한다. 최소한 우리는

● 종말에 관한 여러 권의 책을 쓴 미국인 저자-옮긴이

그들이 잘못된 문제에 집착하고 있다고 여긴다.

종말에 대한 예수님의 태도

이 문제와 관련해서 우리는 마태복음 24장에 기록된 예수님의 말씀을 기억해야 한다. 이 말씀에서 제자들은 예수님에게 "어느 때에 이런 일이 있겠사오며 또 주의 임하심과 세상 끝에는 무슨 징조가 있사오리이까"라고 물었다. 그들은 세상의 종말과 심판이 언제 있을지 정확한 날짜를 묻고 있는 것이다. 그들은 하나님 나라가 예수님의 주되심 아래에서 언제 실현될 것인지 궁금해했다. 이런 일이 언제 일어날 것인가? 그 일들이 일어날 때 어떻게 그것을 알아차릴 수 있을 것인가?

예수님의 제자들은 뉴저지 출신의 그 사람이 찾고 있던 답을 얻으려고 비슷한 질문을 던졌다. 그들은 각국에 사는 수많은 그리스도인이 1세기부터 수없이 던졌던 바로 그 질문을 하고 있는 것이다.[1] 얼마나 더 기다려야 할까? 종말의 때는 언제인가?

관련이 크지 않은 것처럼 보이는 긴 담화 다음에, 제자들의 질문에 대한 예수님의 직접적인 답이 마태복음 24:36에 나온다. "그러나 그날과 그때는 아무도 모르나니 하늘의 천사들도, 아들도 모르고, 오직 아버지만 아시느니라." 이렇듯 예수님은 마지막 때를 예견하는 것이 헛된 노력이라는 사실을 알려 주셨다. 예수님이 재림하실 날을 계산하기 위해 중요한 뉴스에 집착하고, 지진계 표를 끊임없이 쳐다보고, 행성들을 주시하는 행동은 아무런 의미가 없다.

물론 제자들의 질문에 대한 예수님의 대답은 이것이 전부가 아니다. 우리는 이 말씀에서 그분의 재림에 대한 으스스한 예견이나 종말의 정확한 시기에 대한 추측이 헛된 것이라는 사실을 알게 된다. 그러나 이것이 이야기의 전부는 아니라는 사실을 아는 것 또한 중요하다. 마태복음 24장에서 예수님은 훨씬 더 중요한 이야기를 하신다. 즉 하나님이 계획하고 계시는 미래에 대해 우리가 심

---

1. Joel B. Green, *How to Read Prophecy*(Downers Grove, Illinois: InterVarsity, 1984), pp. 26-28를 보라. 《어떻게 예언서를 읽을 것인가》(IVP).

각하게 고민해 볼 필요가 있다는 것이다.

종말의 정확한 시기에 대한 제자들의 물음에 예수님이 대답하신 이후에, 예수님은 노아의 때를 살았던 사람들에 대한 이야기를 제자들에게 상기시키신다.

"노아의 때와 같이 인자의 임함도 그러하리라 홍수 전에 노아가 방주에 들어가던 날까지 사람들이 먹고 마시고 장가들고 시집가고 있으면서 홍수가 나서 그들을 다 멸하기까지 깨닫지 못하였으니 인자의 임함도 이와 같으리라"(마태복음 24:37-39).

노아가 살던 시기에 대한 예수님의 언급 때문에, 우리는 사람들이 그들의 악함으로 인해 하나님의 개입을 알아차리지 못했다고 생각할지도 모른다. 예수님이 이 말씀을 하시면서 그러한 사람들을 염두에 두었다고 생각할지 모르겠다. 창세기 6장 이야기를 통해 노아 당시의 사람들이 심각하게 악에 빠져 살았던 사람들이라는 이미지를 우리가 갖게 되었기 때문이다. 창세기 6장은 그들 때문에 하나님이 인간을 창조하신 것을 한탄하셨다고 기록한다.

그러나 흥미롭게도 예수님은 창세기 6장과 다르게 그들의 악한 행동에 관심이 없으신 것처럼 보인다. 예수님은 죄의 긴 목록을 열거하지 않으신다. 강간과 도둑질이 얼마나 흔했는지 보여 주지 않으신다. 얼마나 많은 사람이 교회에 다니지 않고 있었는지에 관심을 가지고 계시지도 않으신다. 예수님은 단순히 사람들이 먹고, 마시고, 장가들고, 시집가고 있었다고 말씀하신다. 다시 말하면, 그들은 사람들이 언제나 해 왔던 일상적인 일을 하고 있었다. 그들은 그저 일상을 살고 있었다. **그러면서 그들은 하나님에 대해 잊어버렸다. 하나님이 무슨 일을 세상에서 하고 계시는 중인지 잊어버렸다.** 이 때문에 그들은 마지막 때를 알아차리지 못했다.

이런 배경에서 예수님은 "깨어 있으라"라고 말씀하신다. 마치 하나님이 인간에 대해 아무런 관심도 없기라도 한 듯이, 우리가 일상의 삶에만 푹 빠져 살면 안 된다고 예수님은 가르치신다. 좀 더 정확히 말하면, 우리의 일상 가운데 우리는 역사의 마지막에 대한 우리의 기대가 우리의 삶을 움직이도록 정신을 바짝 차리고 살아야 한다는 것이다.

즉 예수님은 마지막 때에 관심을 가지셨다. 그뿐 아니라 그것이 사람들의 매일의 삶에 어떻게 영향을 주는지에도 관심을 가지셨다. 다른 성경 저자들도 그랬다.

물론 뉴저지 출신의 그 사람의 초점은 잘못되어 있었다. 그러나 최소한 그는 종말과 관련된 성경의 가르침을 매우 심각하게 받아들이려고 **노력이라도** 했다. 최소한 그는 이해하기 어려운 성경 구절들을 매우 심각하게 다루어 보고자 **노력했다.** 어느 정도는 그가 예수님의 방식을 따랐다고 말할 수도 있다.

최초의 그리스도인들

초기 그리스도인들은 예수님의 죽음, 부활, 승천이 새로운 시대를 열었다고 믿었다. 예를 들면, 사도행전 2장에서 베드로가 오순절에 다락방에서 선포한 설교가 이것을 분명하게 보여 준다. 성령께서 임재하신 후, 누가는 제자들이 다른 언어들로 말하기 시작했다고 기록한다(4절). 이어지는 이야기는 이러한 현상이 이에 대한 다양한 해석을 만들었다고 전해 준다. 첫째, 이는 오순절에 예루살렘에 방문한 자들이 자신들의 각기 다른 언어로 하나님의 경이로움을 온 세계에 선포한 것이다(5-11절). 둘째, 이는 술에 취해 떠들어대는 것이다(13절). 셋째, 베드로는 이것을 마지막 때의 징표로 여겼다. 그래서 베드로는 요엘 2:28-32을 인용하면서 **이 말씀이 자신의 시대에 성취된 것으로 믿었다.**

몇몇 다른 구약성경 구절처럼,[2] 이 요엘서의 말씀은 하나님의 현존이 온 세상에 실현될 성령의 때를 고대하고 있다. 이 성령의 때는 구원의 때로 예견된 것이었다. 흥미롭게도 베드로는 요엘서를 인용하면서, 특히 요엘 2:28을 해석하면서 "그후에"[3]를 "말세에"로 대체한다. 이러한 방식으로 베드로는 지금 벌어지고 있는 현상들이 오랫동안 기다려왔던 "말세"와 관련되어 있다고 이해한다. 이는 또한 초기 그리스도인들의 생각을 반영한 것이

---

2. 예를 들어, 이사야 44장 3-5절과 에스겔 36장 24-32절을 보라.
3. 칠십인역(LXX)을 보라. 사도행전 2장 17절은 칠십인역을 인용했다.

1장 마지막을 먼저 생각하라

기도 하다.

오순절 다락방 사건에 대한 베드로의 생각처럼, 신약
성경의 세계관과 초기 그리스도인들의 경험은 마지막 때
를 강력하게 지향하고 있다. 즉 그들의 세계관은 뿌리 깊
게 종말론적이다.[4] 그들의 경험은 죽음에서 살아나셔서
다시 돌아오실 그리스도와의 관계에 뿌리내리고 있었다.
마지막 때를 향한 이러한 지향성은 교회 안에서의 삶과
믿음의 모든 측면을 지배했다. 실제로 성령 안에서 사는
삶은 하나님 나라를 그들의 일상에 가까이 가져가는 것
과 같다. 다만 예수님의 "아직 오시지 않음"은 그들에게
해결해야 할 숙제가 되었다(베드로후서 3장을 보라).

마지막 때와 예수님의 재림을 향한 초기 그리스도인
들의 지향성은 오늘날 교회에서 신앙 생활하는 그리스도
인들의 사고방식과 날카롭게 대조된다. 앞서 말했던 것
처럼, 종말에 대한 관심은 오늘날 다소 극단적인 방식들
로 표현된다. 어떤 사람들은 마지막 때를 추측하는 데 **너**

---

4. "종말론"(eschatology)은 문자적으로 마지막에 벌어질 일에 대한 이해를 뜻
   한다. "종말론적"이라는 형용사는 마지막 때나 전 세계에 대한 하나님의 통
   치와 관련이 있는 사물, 사람, 사건, 기대를 묘사할 때 쓰인다.

무 몰두한다. 반면 어떤 사람들은 하나님의 구원 계획에 대한 성취가 성경적 믿음을 어떠한 방식으로 성장시키는 지에 대해 **너무** 관심이 없다.

심지어 교회를 위한 신학을 공부하는 사람들 가운데 서도 이러한 일이 똑같이 벌어진다. 지난 2세기 동안 마 지막 때에 대한 가르침은 기독교 신앙에 대한 논의 끝자 락에서 겨우 조금 다뤄지는 정도였다. 이것은 마치 추신 이나 부록에 기독교 신앙의 핵심을 짧게 담아내는 것과 같다.

그러나 성경에 기반한 믿음은 마지막 때에 대한 가르 침이 나중으로 미뤄도 될 사소한 것이 결코 아님을 알려 준다. 이는 다른 주제들을 모두 다루고 난 후에야 다뤄야 할 그런 주제가 아니다. 그리스도의 재림에 대한 소망과 하나님 나라의 구체적인 모습은 모든 것을 다른 관점에 서 보게 만들기 때문에, 종말론적 비전은 모든 행동과 생 각을 지배한다. 마지막 때에 대한 가르침은 초기 그리스 도인들에게 미래에 관한 믿음 체계 같은 것이 아니었다. 이것은 오히려 모든 것을 새로운 관점에서 바라보게 하 는 렌즈에 가까웠다. 이것은 또한 미래에 대한 소망이 만들어내는 태도에 가깝다.

그래서 바울은 고린도 교회 교인들에게 성찬을 행하면서 주님이 오실 때까지 그분의 죽음을 선포하라고 권면한다(고린도전서 11:26). 신약성경 저자들은 무수한 본문에서 그들의 형제와 자매들에게 새롭게 올 세대가 정의하는 삶을 살라고 권면한다. 그러면서, 그들은 그리스도의 재림이 확실하다는 사실에 근거하여 격려의 메시지를 독자들에게 전한다. 로마서 13장이 좋은 예다. 여기서 그리스도인의 삶에 대한 바울의 권면은 사실 마지막 때에 대한 그의 기대에 근거를 두고 있다.

"피차 사랑의 빚 외에는 아무에게든지 아무 빚도 지지 말라 … 또한 너희가 이 시기를 알거니와 자다가 깰 때가 벌써 되었으니 이는 이제 우리의 구원이 처음 믿을 때보다 가까웠음이라 밤이 깊고 낮이 가까웠으니 그러므로 우리가 어둠의 일을 벗고 빛의 갑옷을 입자 낮에와 같이 단정히 행하고 … 오직 주 예수 그리스도로 옷 입고 정욕을 위하여 육신의 일을 도모하지 말라" (로마서 13: 8-14).

마가복음 13장, 데살로니가전후서, 야고보서 5:8, 베드로전서 4:7, 베드로후서 3:10-14 같은 성경 본문도 이와 비슷한 강조점을 가지고 있다.

예수님과 하나님 나라

이러한 강조는 의심할 나위 없이 하나님 나라[5]에 대한 예수님의 선포에 기초를 두고 있다. 예수님의 제자들과 복음서 저자들은 예수님의 가르침에 있어서 하나님 나라가 중심에 있다는 것을 잘 알고 있었다. 마가복음 1:15에 담겨 있는 예수님의 첫 선언이 이를 잘 보여 준다. "이르시되 때가 찼고, 하나님의 나라가 가까이 왔으니, 회개하고 복음을 믿으라 하시더라." 많은 사람은 이 구절이 예

---

5. 어떤 사람들은 헬라어 바실레이아($\beta\alpha\sigma\iota\lambda\varepsilon'\alpha$)를 나라로 번역하는 것이 문제가 있거나 심지어 공격적이라고 생각해서 "하나님의 통치 또는 하나님의 다스림"이라는 번역을 더 선호한다. 나는 이들의 염려를 무시하진 않지만, 이들의 대안적인 번역이 예수님의 선포가 담고 있는 내용을 온전히 담아내지 못한다고 생각한다. 특히 이 단어가 품고 있는 다양한 함의를 배제할 때 문제가 될 수 있다.

1장 마지막을 먼저 생각하라　　**35**

수님의 가르침을 적절하게 요약하고 있다고 보는데, 이 구절은 고대 교리문답에서 사용되었던 "예수님은 무엇을 가르치셨는가?"에 대한 대답을 제공한다. 또한 마가복음 1:15은 마태복음과 누가복음에 많은 병행 구절을 가진다.[6]

따라서 하나님 나라가 예수님이 가르치신 내용의 중심에 있다고 말할 수 있다. 게다가 예수님은 "하나님 나라"라는 표현을 1세기 팔레스타인 지역에서 꽤 자연스럽게 사용하셨을 것이다. 왜냐하면 당시 사람들은 예수님이 이 표현을 사용하셨을 때 의도하신 바가 무엇이었는지 어느 정도 이해할 수 있었기 때문이다.

그렇다면 예수님은 "하나님 나라"를 어떻게 이해하고 계셨을까? 그분의 청중들은 어떻게 이 표현을 이해했을까? 이 질문을 좀 더 구체화해서 세 가지로 나누어 보자.

---

6. 예를 들어, 마태복음 4:17, 23; 9:35; 누가복음 4:43; 9:11을 보라. "하나님 나라/하늘 나라"라는 표현은 신약성경에 100번 넘게 나온다. 특히 복음서에 자주 나온다. 내가 《어떻게 복음서를 읽을 것인가》에서도 말했던 것처럼 "하나님 나라"와 "하늘 나라"는 같은 말이다. *How to Read The Gospels and Acts*(Downers Grove, Illinois: InterVarsity, 1987), pp. 149-150.

하나님 나라는 **무엇인가?** 하나님 나라는 **어디에 있는가?** 그리고 하나님 나라의 때는 **언제인가?**

하나님 나라는 무엇인가? 예수님이 하나님 나라를 선포하시기는 했지만, 흥미롭게도 이 말을 정확하게 정의하시지는 않으셨다. 비록 많은 예수님의 비유가 하나님 나라가 "무엇과 같은지" 말하고 있지만(예를 들면, 마가복음 4:26-32), 예수님은 청중이 이미 가지고 있던 하나님 나라에 대한 기본적인 이해에 살을 덧붙이고 있는 것처럼 보인다. 하나님 나라에 대한 그들의 이해가 기본적으로 구약성경에 기반하고 있다는 사실은 분명하다.

예수님의 사역에서 하나님 나라가 가지는 깊은 중심성을 고려해 보면, 이 표현이 구약성경에 나오지 않는다는 사실에 놀랄 사람도 있을 것 같다. 물론 이것이 하나님 나라라는 개념이 이스라엘 사람들에게 중요하지 않았다는 의미는 아니다. 오히려 반대로, 하나님이 왕이 되셔서 다스리신다는 사실은 구약성경의 중심에 놓여 있다. 역사 안에서 통치하시는 하나님에 대한 이스라엘 백성들의 경험은 그들의 신앙과 예배를 직조한다.

특히, 주전 8세기 중반부터 활동을 시작한 아모스, 호

세아 같은 문서 예언자들은 이스라엘 백성들이 눈을 돌려 역사 안에서 행하실 하나님의 미래 행동을 볼 수 있게 도왔다. 이러한 예언자들은 주님이 왕으로 현존하실 것이라는 소망에 모든 초점을 맞추었다. 예를 들면, 이사야 24:1-27:13은 모든 민족에 대한 하나님의 승리를 묘사한다. 그리고 하나님을 구원자이시자 통치하시는 왕으로 그린다. 이런 방식으로 이사야서는 하나님의 영광스러운 통치에 대한 기대를 담아내고 있다(24:23; 30:33; 32:1; 33:17, 20-22).

이사야 40장은 이와 같은 비전을 직접적으로 표현한 중요한 본문 중 하나다. 이사야는 "이스라엘에 대한 위로"를 자세히 말하면서, 이스라엘 백성들이 왕의 오심을 예비하는 것이 필수적이고(3절) 그때에 하나님의 영광이 나타날 것(5절)이라는 사실을 예언한다. 역사의 한 시점에서 이 "아름다운 소식"은 선포될 것이고, 이는 "너희의 하나님을 보라"라는 선언에서 구체화된다(9절). 이것이 "복음"(히브리어로 베쇼라, 헬라어로 유앙겔리온)이고, 주님의 구원 활동의 시작이자 그분의 승리하심에 대한 선포다. 이어지는 이사야 52:7에서 이 복음은 "네 하나님이 통치하신다"라는 선언과 긴밀하게 연결된다. 이 본문에 따르면, 복음은 "평화"(평화[히브리어로 샬롬]라는 주제에 대해서는 에스겔 34:25-31과 37:26-28을 보라), "아름다운 소식", "구원"에 대한 선포다. 우리는 이 본문에서 이 땅에 오셔서 모든 것을 바로 잡으실 하나님에 대한 소망을 발견한다.

"보라 주 여호와께서 장차 강한 자로 임하실 것이요 친히 그의 팔로 다스리실 것이라 보라 상급이 그에게 있고 보응이 그의 앞에 있으며 그는 목자같이 양 떼를 먹이시며 어린양을 그 팔로 모아 품에 안으시며 젖먹이는 암컷들을 온순히 인도하시리로다" (이사야 40:10-11).

저명한 신약학자 조지 비슬리-머리는 하나님 나라에 대한 예언자적 비전을 요약한 이 이사야서 말씀에서 세 가지 근본적인 특징을 발견한다. 첫 번째, 유대 예언자들은 하나님의 통치하심이 우주적이라는 것을 선포했다. 하나님 나라는 하나님의 구원 사역 안에서 이스라엘을 넘어 모든 국가까지 확장된다. 두 번째, 그들은 전 세계에 드러날 하나님 나라의 의와 하나님의 정의를 강조했다. 세 번째, 하나님의 대언자들은 하나님 나라를 **샬롬**의 시대, 즉 정의로 가득 찬 평화의 시대라고 특징짓는다. 다시 말해 "역사의 목적은 [하나님의] 통치하심이 계시되고 이것이 전 우주적으로 인정됨을 통해 성취된다. 전 세계 안에서 의로움이 승리하고 평화와 구원이 성취되는 것을 통해 이루어진다."[7]

하나님 나라는 무엇인가? 하나님 나라는 하나님의 오심이다! 평화와 정의로 통치하시는 하나님의 오심이다.

하나님 나라는 어디에 있는가? 하나님 나라의 때는 언제인가? 예수님이 "하나님 나라"라는 표현을 사용하실 때 **무엇**을 마음에 두고 계셨는지는 위에서 살펴본 것처럼 상당히 명백하지만, 지금 던지는 이 두 질문에 대한 답은 분명해 보이지 않는다. 어떤 학자들은 사실 "하나님 나라의 때는 언제인가?"라는 질문을 둘러싼 현대적 논의를 세기의 논쟁이라고 부르기도 한다.

예수님은 오직 영적인 하나님 나라만 마음에 두고 계

---

7. G. R. Beasley-Murray, *Jesus and the Kingdom of God*(Grand Rapids: Wm. B. Eerdmans, 1986), 20.《예수와 하나님 나라》(CH북스).

셨을까? 그분은 하나님 나라가 자신 안에 임했다고 생각하셨는가? 하나님 나라는 예수님을 주로 고백하는 사람들의 마음속에만 존재하는가? 또는 하나님 나라를 이 땅에 임하도록 평화와 정의를 세우는 일에 참여해야 하는가? 우리는 하나님 나라의 현존에 반응하여 평화와 정의를 세우는 일에 몰두해야 하는가? 예수님은 하나님 나라를 지금 존재하는 물질적, 정치적 독립체로 이해하셨는가? 예수님이 선포하신 하나님 나라는 그분의 재림, 즉 마지막 때에 이루어지는 새로운 세상인가? 이 시대를 살아가는 그리스도인들은 이 모든 질문에 대체로 긍정적인 방식으로 대답을 해왔다.

하나님 나라는 어디에 있는가? 하나님 나라의 때는 언제인가? 이 질문에 대해 의식적으로 생각하고 있든 아니든, 교회의 사명에 대해 생각하고 동참하고 있는 우리는 사실 이미 **이 질문에 답을 하고 있다.** 우리가 의식적으로 마지막 때에 대해 생각하고 있든지 아니든지, 마지막 때와 관련된 이와 같은 질문들은 우리가 그리스도인으로서 살아가는 삶의 방식에 이미 영향을 미치고 있다.

이제부터 나는 하나님 나라를 이해하는 다양한 방식

중에서 오늘날 그리스도인들이 가장 많이 선택하는 답안들을 하나하나 차례로 살펴볼 것이다. 그렇게 해서 나는 종말에 대한 생각과 제자로서 살아가는 삶이 떼려야 뗄 수 없는 관계임을 있는 그대로 보여 주고자 한다.

간략하게 말하면, 우리가 마지막 때를 이해하는 방식은 우리가 어떤 관점으로 현재를 바라보는지, 우리가 기독교 신앙을 어떻게 정의하는지, 또 하나님이 교회에 부여하신 사명을 우리가 어떻게 이해하는지에 이미 큰 영향을 미쳐 왔다. 나는 이러한 관계를 명확하게 보여 줄 것이고, 이를 통해 그리스도인들이 그리스도인으로서 좀 더 신실하게 세상을 살아가면서 하나님 백성으로서의 모든 사명을 성경적으로 더 숙고해 보기를 바란다.

숙고를 위한 질문

1. 당신과 당신의 교회는 그리스도의 재림에 대해 얼마나 깊이 생각하고 있는가? 그리스도의 재림에 대한 강한 기대가 우리 일상의 삶에 어떤 영향을 줄 수 있는가?

2. 당신은 하나님 나라에 대한 예수님의 선포가 가지는 중요성에 대해 얼마나 깊이 있게 생각하고 있는가? 하나님 나라를 당신은 어떻게 이해하고 있는가?

3. 당신은 오늘날 교회의 사명이 무엇이라고 생각하는가?

4. 하나님 나라에 대한 당신의 경험과 이해는 그리스도인들의 사명에 대한 당신의 이해에 어떤 영향을 미쳤는가? 자세히 설명해보라.

5. 우리가 "아버지의 나라가 오게 하시며"라고 기도할 때 정확히 무엇을 구하는 것인가?

"그러나 내가 만일 하나님의 손을 힘입어

귀신을 쫓아낸다면 하나님의 나라가

이미 너희에게 임하였느니라"

누가복음 11:20

2장

하늘에서와 같이

: 하나님 나라에 대한 예언자적 관점

마틴 루터 킹 목사는 "나에게는 꿈이 있습니다"라고 외쳤는데, 이는 옛 예언자들의 비전을 새롭게 표현한 것이었다.

"나에게는 꿈이 있습니다. 언젠가는 조지아의 붉은 언덕에서 옛 노예의 후손들과 옛 주인의 후손들이 함께 앉아 형제애를 나눌 것이라는 꿈입니다.

나에게는 꿈이 있습니다. 언젠가는 억압과 부정의로 신음하고 있는 저 미시시피마저도 자유와 정의를 노래할 것이라는 꿈입니다.

나에게는 꿈이 있습니다. 언젠가는 나의 네 어린 자녀가 피부색 때문에 차별받지 않고 그들의 인격에 따라 평가받는 그런 나라에 살게 될 것이라는 꿈입니다. 나는 오늘도 꿈을 꿉니다!"

마틴 루터 킹 목사는 당연히 하나님이 미래에 영광스럽게 오실 거라는 소망을 품고 있었다. 다만, 그는 이 시대에 정의로 가득 찬 평화가 이루어질 것이라는 강력한 비전 또한 갖고 있었다. 그의 비전을 공유하는 사람들은 마가복음 1:15, 즉 "때가 찼다"라고 선포하신 예수님의 말씀을 진지하게 받아들인다. 따라서 그들은 하나님의 오심에 대한 예언자적 비전이 현재에 성취될 것이라고 믿는다.

예언자적 비전

하나님 나라에 대한 예언자적 비전이란 무엇인가? 이를

가장 초기에 품고 있었던 예언자 아모스의 대답을 들어 보자.

아모스는 구약 시대를 살았던 위대한 예언자 중 한 명이었다. 그는 주전 8세기에 역사의 무대 위에 등장했다. 그가 살았던 시대의 역사적 정황에 친숙해진다면, 우리는 그의 비전과 메세지를 좀더 잘 이해할 수 있게 될 것이다.

사람들은 문서 예언자들의 시대를 보통 주전 8세기 중반부터 5세기 중반으로 잡는다. 이 시대는 솔로몬의 죽음과 함께 시작되었다. 솔로몬의 죽음 이후에 르호보암은 자신의 아버지가 시행한 억압적인 경제 정책을 바꿀 수 있는 기회를 얻었다. 그러나 원로들의 충언을 저버리고, 그는 이러한 개혁의 움직임에 반하는 결정을 내렸다. 그 결과 이스라엘은 두 쪽으로 쪼개졌다. 남쪽은 유다가 되었고, 북쪽은 이스라엘이 되었다. 이 때문에 심각한 대격변의 시대가 시작되었고, 종교적 그리고 경제적 몰락도 함께 왔다.

위대한 예언자들이 등장하기 전 수년 동안 분열, 경제적이고 사회적인 재앙, 우상숭배가 있었고, 언약에 대한 광범위한 멸시가 수없이 많이 일어났다. 다시 말하면, 문서 예언자들의 등장은 이스라엘 백성들이 출애굽 사건으로부터 **멀어지고** 하나님의 언약 백성이라는 자신들의 정체성에서 **멀어지면서** 발생한 역사적인 흐름이었다.

이 시기에 이스라엘 사람들이 경험한 어려움을 재구성할 수 있는 한 가지 방법은 도시 문화의 발생을 숙고해 보는 것이다. 도시 문화는 이스라엘 백성들이 이전에 형성해왔던 농경과 유목 생활을 대체했다. 이런 중앙 집권화 현상은 전체적으로 보면 국가 경제에 좋은 일이었다. 그러나 국가 전체 경제에 좋은 일이 대다수 국민의 경제 상황을 좋게 만든 것은 아니었다. 왜냐하면 산업의 발전이 더 많은 상류층을 만들어냈기 때문이다. 가진 자는 더 갖게 되고 없는 자는 더 없게 된다는 오래된 격언은 틀린 말이 아니었다.

게다가 이러한 사회 변화는 땅의 재분배와 함께 일어났다. 지난 몇 세기 동안 스코틀랜드의 하이랜드 지역에서 토지 개간과 함께 수많은 소작농이 생겨났던 것처럼, 고대 이스라엘에서도 비슷한 일이 벌어졌다. 땅의 재분배는 수세대 동안 내려온 가문의 토지를 새로운 소유주에게 넘기는 일이었다. 많은 가족이 그들의 토지를 잃어버렸고, 봉건 제도 비슷한 사회 구조는 더 나아가 그들의 자유와 존엄성도 앗아갔다. 즉 급증한 이자율로 인해 여러 가정이 부채 노예 신세로 전락했다. 사람들이 토지 소유권을 잃으면서, 공동체 안에서 그들의 지위도 잃어버렸고 가족으로서의 집단 정체성도 잃어버렸다.

도시 문화의 발생은 자신을 하나님의 자녀라고 불렀던 사람들에게 더 많은 영향을 미쳤다. 사람들은 더 많이 그리고 더 자연스럽게 다른 신들에 노출되었다. 시골을 떠나 대도시로 이사한 경험이 있는 사람들은 이러한 새로운 현실을 쉽게 이해할 수 있을 것이다. 우리는 과거에 침례교회, 감리교회, 로마 가톨릭 중 하나를 선택했던 적이 있다. 그러나 이제 우리는 도시에서 장로교와 성공회를 비롯한 다른 교파들에 속한 그리스도인들을 만나게 되었고, 나아가 힌두교, 통일교, 뉴에이지 운동을 추종하는 사람들도 쉽게 목격할 수 있게 되었다. 새로운 것을 선택하고 완전히 새로운 방식의 믿음을 만들어내려는 도시의 유혹은 이스라엘 백성들을 현혹했다. 그렇게 도시의 삶은 혼합주의를 촉진시키고 유행시켰다. 이스라엘 사람들의 입장에서 보면, 이국적인 방식으로 낯선 신들과 계약을 맺는 일탈적인 신앙이 만들어진 것이다.

바로 이 시점에 문서 예언자들이 역사에 등장하기 시작했다. 엘리야나 엘리사 같은 이전 예언자들은 주로 통치자들과 그들의 궁정을 향해 메세지를 전했다. 그러나 이제는 하나님의 대언자들이 전체 백성들을 향해 종교적이고 사회적인 비판을 하면서 목소리를 높였다. 그들은 주로 종교적인 동기를 가지고 이러한 행동을 했다. 왜냐하면 가장 우선적으로 그들은 자신들을 야웨의 말씀을 대언하는 사람들로 간주했기 때문이다. 그러나 동시에 그들은 자연스럽게 사회 비평가이자 개혁가의 역할도 하게 되었다.

이 시기의 예언자들 가운데서도 아모스가 가장 거침없이 사회를 비평했다. 그의 비판은 주전 8세기 중반 북이스라엘을 향한 것이었다. 아모스는 파멸에 대한 예언(메시지)을 엄중하고 상세히 선포했다.[8]

---

8. Robert Gnuse, *You Shall Not Steal: Community and Property in the Biblical Tradition*(Maryknoll, New York: Orbis, 1985), 78-79.

당시 사람들이 하나님의 대언자에게 기대했던 것과는
조금 다르게, 아모스는 고발에서 판결로 이어지는 예언
의 방식을 택했고, 이러한 방식을 이방 나라들(1:3-2:5)만
아니라 이스라엘에도(2:6-16) 적용시켰다! 예언자 아모스
는 이스라엘 백성들이 하나님과의 계약을 파기시켜 버린
사람들이라고 비판했다. 그의 예언을 들어보라.

> "여호와의 말씀이니라 이스라엘 자손들아 너희는 내게
> 구스 족속 같지 아니하냐 내가 이스라엘을 애굽 땅에서
> … 올라오게 하지 아니하였느냐
> 보라 주 여호와의 눈이 범죄한 나라를 주목하노니 내가
> 그것을 지면에서 멸하리라 그러나 야곱의 집은 온전히
> 멸하지는 아니하리라"(아모스 9:7-8).

아모스는 너무나도 분명히 이스라엘의 현재 지위를
깎아내린다. 하나님이 이스라엘 백성들을 이집트 노예
생활에서 해방하지 않으셨던가. 하나님이 출애굽을 통해
새로운 언약 백성들을 만들어내지 않으셨던가. 하나님이
자신의 법, 즉 하나님과 함께 그리고 서로 더불어 구원의

역사 안에서 살도록 만드는 언약을 그들에게 주시지 않았던가! 그런데 그들은 지금 하나님이 마치 아무 일도 하시지 않았던 것처럼 행동하고 있다. 마치 이스라엘 백성들에게 출애굽의 여정이 일어난 적이 없던 것처럼 말이다. 이스라엘 백성들은 하나님의 특별한 부르심을 공동체 안에서 구현하지 못했을 뿐 아니라 이집트 사람들과 똑같아져 버렸다!

아모스는 놀랍게도 비전문가처럼 말한다. 실제로 그의 원래 정체는 양치기이자 시카모어, 즉 무화과 나무를 관리하는 사람이었다(아모스 7:14-15). 그의 권위는 위계질서에 근거한 것이 아니라 카리스마에서 나온다. 그는 당대의 종교 집단에 의해 임명된 것이 아니라 하나님에게 부름을 받았고 권한을 부여받았다. 그는 종교 지도자라는 직업을 가지지 않았다. 오히려 아모스는 당대의 종교 지도자들, 궁정 예언자들과 거리를 두었다. 아모스의 눈에 그들은 예배를 자신들의 개인적인 목적을 이루기 위한 일종의 사업으로 만든 자들로 보였다. 그의 신랄한 비평을 들어보라.

"너희는 벧엘에 가서 범죄하며

길갈에 가서 죄를 더하며

아침마다 너희 희생을

삼일마다 너희 십일조를 드리며

누룩 넣은 것을 불살라 수은제로 드리며

낙헌제를 소리 내어 선포하려무나

이스라엘 자손들아 이것이 너희가 기뻐하는 바니라

주 여호와의 말씀이니라"(아모스 4:4-5).

아모스가 보기에, 종교 축제, 종교 음악, 십일조, 희생 제사를 포함하는 그들의 예배 행태는 그것이 본래 의도하던 바를 더 이상 성취하지 못했다. 그들은 더 이상 공동체의 삶을 하나님께 드리지 않았다.

그러나 기억해야 할 것이 있다. 아모스의 불만은 단순히 하나님과 맺은 언약이 무시당했다는 것이 아니었다. 아모스는 나아가 하나님과 맺은 언약에 대한 멸시가 다른 사람들을 너무나 쉽게 괴롭히는 결과를 낳았다고 생각했다. 바로 이것 때문에 심판이 임할 것이다. 우리는 다음과 같은 그의 예리한 비판을 기억해야 한다.

"너희가 힘없는 자를 밟고

그에게서 밀의 부당한 세를 거두었은즉

너희가 비록 다듬은 돌로 집을 건축하였으나

거기 거주하지 못할 것이요

아름다운 포도원을 가꾸었으나

그 포도주를 마시지 못하리라 …

너희는 의인을 학대하며 뇌물을 받고

성문에서 가난한 자를 억울하게 하는 자로다"

(아모스 5:11-12; 2:6-8도 보라.)

다른 구절에서도 아모스는 하나님의 이름을 부르던 사람들이 도리어 무죄한 사람들을 보호하려고 만들어 놓은 법을 어겼다는 사실을 비난했다.

다른 예언자들처럼 아모스도 하나님과의 관계가 다른 사람들과 관계 맺는 방식에 깊이 영향을 준다는 사실을 알았다. 하나님의 언약을 무시하는 것은 그래서 단순히 영적인 문제만이 아니다. 그것은 또한 사람들의 삶에 부정적인 반향을 일으킨다. 실제로 아모스는 도덕과 영성의 영역이 오늘날 우리가 국제 정치, 사회 정의, 평등권이라고 부르고 있는 것들을 포함한다고 믿었다. 그에 의하면 하나님을 따르는 것은 하나님이 원하시는 이상 사회, 즉 정의롭고 의로운 사회를 건설하려고 헌신하는 것을 뜻했다. 그의 관점에서 보면, 정의와 공의를 무시하는 사회는 존속할 가치가 없다.[9] 그래서 아모스는 하나님의 오심을 구원의 날이 아니라 재앙의 날로 본다. 8장에 기록된 그가 본 환상을 기억할 필요가 있다.

"주 여호와께서 내게 이와 같이 보이셨느니라
보라 여름 과일 한 광주리이니라
그가 말씀하시되 아모스야 네가 무엇을 보느냐
내가 이르되 여름 과일 한 광주리니이다 하매
여호와께서 내게 이르시되 내 백성 이스라엘의 끝이 이르렀은즉 내가 다시는 그를 용서하지 아니하리니 그날에 궁전의 노래가 애곡으로 변할 것이며 곳곳에 시체가 많아서 사람이 잠잠히 그 시체들을 내어버리리라 주 여

———
9. Joseph Blenkinsopp, *A History of Prophecy in Israel*(Philadelphia: Westminster, 1983), p. 96.《이스라엘 예언사》(은성).

2장 하늘에서와 같이   55

호와의 말씀이니라"(아모스 8:1-3).

다른 예언자들도 아모스의 사역에 참여하는 것이 타당하다고 생각했고, 언약으로 돌아가야 한다고 함께 지속적으로 촉구했다.

아모스서에 따르면, 하나님의 백성들은 어떤 희망을 가지고 있었는가? 아모스서의 마지막 몇 구절은 하나님이 결국 역사에 개입하실 것이라고 선언한다. 그분은 자신의 백성 이스라엘을 회복시키실 것이다.

구약 시대의 다른 예언자들처럼, 아모스는 하나님 나라를 명시적으로 언급하진 않았다. 그럼에도 불구하고 그는 하나님의 다스림 아래 있는 삶이 어떤 모습인지 명백히 보여 준다. 하나님은 이스라엘을 넘어 **창조된 모든 세계**를 다스리신다(아모스 4:13과 9:5-6을 보라). 그렇지만 하나님의 통치는 특히 **이 세상에** 관심을 두고 있다. 2행으로 이루어진 아모스 5:24이 이러한 관심의 근본적인 특징을 잘 요약하고 있다. "오직 정의를 물 같이, 공의를 마르지 않는 강 같이 흐르게 할지어다."

당시의 다른 문서 예언자들과 함께 아모스는 하나님

의 뜻이 이 세상에, 이 생애에 성취될 것이라고 기대했다. 하나님의 통치는 대체로 **이 자연 세계** 안에서 이루어지는 정의와 평화 같은 역사적인 용어들로 묘사된다. 표1이 보여 주는 것처럼, 문서 예언자들은 하나님이 오시는 때, 즉 하나님이 그분의 **샬롬**을 성취하실 때를 기다렸다.

구약성경에 등장하는 다른 예언자들처럼, 예수님은 하나님 나라가 현세적인 특징을 가지고 있었다고 생각하

[표1] 하나님 나라에 대한 예언자적 관점

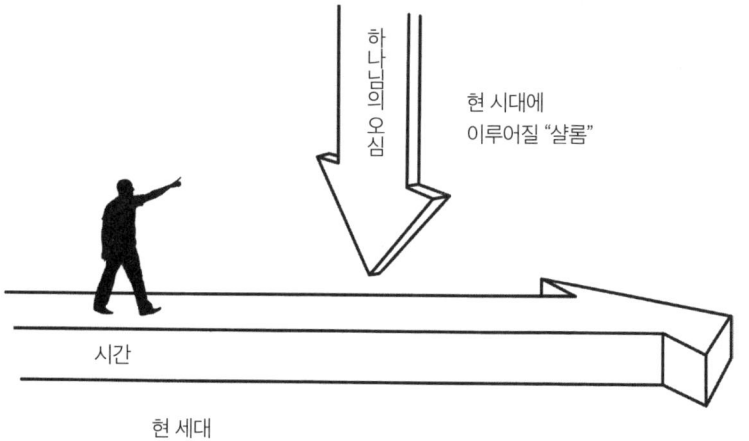

2장 하늘에서와 같이

셨는가? 이에 대해 아니라고 대답하기 어렵다. 왜냐하면 그분의 많은 말씀이 분명하게 이러한 방향을 지향하고 있기 때문이다.

예를 들어, 마태복음 11:2-5에 나오는 세례 요한의 물음에 대한 예수님의 반응을 생각해보자.[10]

"요한이 옥에서 그리스도께서 하신 일을 듣고 제자들을 보내어 예수께 여짜오되 오실 그이가 당신이오니까 우리가 다른 이를 다른 이를 기다리오리이까

예수께서 대답하여 이르시되 너희가 가서 듣고 보는 것을 요한에게 알리되 맹인이 보며 못 걷는 사람이 걸으며 나병환자가 깨끗함을 받으며 못 듣는 자가 들으며 죽은 자가 살아나며 가난한 자에게 복음이 전파된다 하라"

세례 요한에게 예수님의 사역이 수수께끼처럼 보였다

---

10. 누가복음 7:22-23은 비슷한 내용을 담고 있다. 이것은 누가복음 4:18-19에 나오는 예수님의 사명 선언과 명백한 문자적인 병행을 이룬다.

는 사실은 그리 놀라운 일이 아니다. 세례 요한은 심판이 임박했다고 이스라엘 백성들에게 경고했다. 메시아는 "손에 키를 들고 자기의 타작 마당을 정하게 하사 알곡은 모아 곳간에 들이고 쭉정이는 꺼지지 않는 불에 태우"실 분(마태복음 3:12)이 아니신가. 그렇다면 왜 예수님의 말씀과 행동은 하나님의 은혜와 자비를 담고 있는가? 이분이 정말로 "더 능력 있는" 분, 오실 그분이신가?(마태복음 3:11) 이분이 정말로 그 메시아가 맞는가?

세례 요한의 제자들에게 하신 예수님의 대답은 우리에게 조금은 모호하게 들릴 수도 있다. 사실 예수님의 대답은 이사야서 말씀 한 구절을 떠올리게 한다. **하나님의 오심 이후에 대해,** 이사야는 다음과 같이 선포했다.

"**그때**에 맹인의 눈이 밝을 것이며
못 듣는 사람의 귀가 열릴 것이며
그때에 저는 자는 사슴 같이 뛸 것이며
말 못하는 자의 혀는 노래하리니"
(이사야 35:5-6; 강조는 저자의 것.)

2장 하늘에서와 같이   59

이런 면에서 보면, 예수님이 세례 요한에게 하신 말씀의 의미는 명확하다. 예수님의 다소 수수께끼 같은 행동들은 사실 하나님의 통치가 지금 이 세상에 임했고 예수님의 사역 안에서 이루어졌음을 의미한다.

현대적 적용

우리가 앞서 살펴본 것처럼, 현대의 많은 사람들은 대체로 문서 예언자들처럼 하나님의 구원 사역을 바라본다. 예를 들면, 지난 300년 동안, 필립 스펜서, 존 웨슬리, 찰스 웨슬리, 찰스 피니, 마틴 루터 킹 같은 인물들은 특히 **그들이 살던 세계**에 하나님의 평화와 정의가 역사하고 이루어지기를 고대했다. 이와 같은 강조는 평화와 번영의 위대한 시대 이후에 그리스도께서 재림하실 것이라는 후천년설에 대한 믿음과 관련이 있다. 이 천년왕국은 바로 세상 전체가 본질적으로 하나님의 통치를 그대로 드러내는 시대다.

더 최근에 '해방신학자들'은 예언자적 비전을 그들만

의 방식으로 열렬히 받아들였다. 그들은 구원을 주로 사회적, 경제적, 정치적 용어로 설명하려고 한다. 라틴 아메리카 감리교 지도자 중 한 사람인 모티머 아리아스(Mortimer Arias)가 말했던 것처럼, 라틴 아메리카 교회는 점점 더 "현실 도피적인 복음"을 거부하면서 이제는 "아직 실현되지 않은 것들을 꿈꾸게 하고, 정의에 대한 목마름을 일깨우고, 가난하고 억압받는 자들의 희망을 일으키고 지지하고 … '더 인간적이고 더 정의로운 사회'를 추구하면서 하나님 나라와 그분의 의를 구하고 있다."[11]

표2가 보여 주듯이, 예언서를 논의의 출발점으로 삼는 사람들은 예수님이 세상에 오심과 함께 하나님 나라가 세상에 침투하기 시작했다고 확신한다. 만일 정말로 그렇다면, 이 시대는 평화와 정의를 이루기 위한 계획을 실천해야 할 때다. 하나님 나라의 현재성은 다양한 사람들과 단체들이 해방과 평등에 대한 하나님 나라의 관심을 그들의 현실에 투영해야 함을 의미한다. 정치적, 경제적,

---

11. Mortimer Arias, *Announcing the Reign of God: Evangelization and the Subversive Memory of Jesus*(Philadelphia: Fortress, 1984), pp. 91-92.

2장 하늘에서와 같이　　61

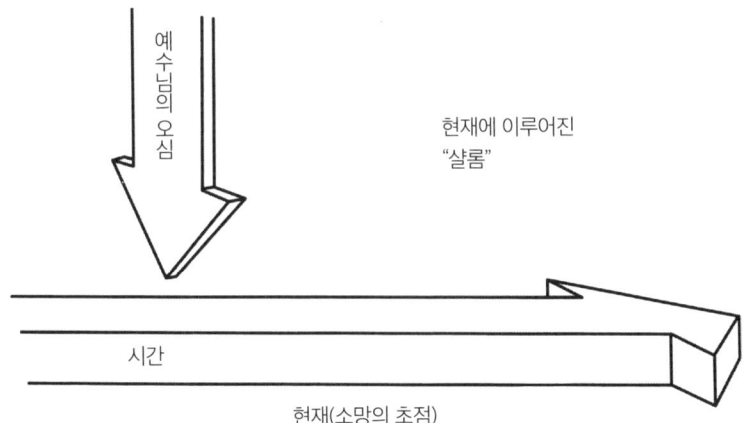

[표2] 예언자적 관점의 현대적 적용

예수님의 오심

현재에 이루어진
"샬롬"

시간

현재(소망의 초점)

사회적, 혹은 복합적인 목적을 가진 단체 모두 여기에 포함된다.

이러한 사람들은 기독교적 소망을 결국 현재에 주로 둔다. 왜냐하면 지금이 하나님의 통치의 때이기 때문이다. 문서 예언자들은 사실 영생에 대해 아는 바가 거의 없었다. 그래서 그들은 이 세상이 하나님의 오심이 일어나는 장소라고 말한다. 문서 예언자들을 따르는 현대인들 또한 현재를 하나님이 역사하시는 주된 때라고 본다. 이런 사람 중에서 어떤 이들은 그리스도께서 재림하실 것임을 여전히 믿는다. 이들은 우리가 "미래에 있을 달콤한 꿈 같은 것"을 상상만 할 필요가 없다고 말한다. 하나님은 지금 여기서 일하고 계신다. 하나님은 이 땅에 이미 오셨다. 바로 여기에 소망이 있다.

그렇다면 교회는 어떤 일을 해야 하는가? 예언자적 비전을 현재에 구현하려는 사람들에게 어울리는 사명은 결국 사회적 증인이 되는 것이다. 즉 가난한 사람들을 먹이고, 살 만한 집을 사람들에게 제공하고, 감옥을 개선하는 데 앞장서고, 균형 잡힌 생태계를 유지하는 데 관심을 기울이고, 핵무기가 확산되는 것을 막고, 헐벗은 자들을 입히는 것이다. 이러한 것들이 모두 사명에 헌신하는 가장 좋은 방법들이다. 만약 언제 어디서 하나님 나라가 이루어지는지에 대한 예언자들의 대답에 전적으로 동의한다면 말이다.

평가

우리는 하나님 나라에 대한 이러한 이해를 어떻게 평가

할 수 있을까? 하나님 나라는 정말로 현재적인가? 하나님의 통치에 대한 성경의 가르침을 해석하는 이와 같은 방식이 상당 부분 일리가 있다는 것은 의심할 여지가 없다. 구약성경에 등장하는 예언자들은 하나님이 오셔서 그분의 **샬롬**을 이 세상에서 이루시기를 **분명히** 기대했다. 예수님도 그분의 사역 가운데 하나님 나라가 도래했다는 것을 가르치셨다. 이러한 생각은 다양한 함의를 가진다. 그중에서도 이것은 하나님 나라가 이 세상 질서와 관련해서, 그리고 오늘날의 삶과 관련해서 분명한 의미를 가진다는 것을 깊이 숙고해야 함을 뜻한다. 왜냐하면 예수님이 **실제로** 하나님 나라가 현재 삶에 영향을 미친다고 보았기 때문이다. 그분의 치유 사역은 하나님 나라가 현세와 관련이 있고 사람들의 전 인격과 관련되어 있다는 사실을 보여 준다. 하나님 나라의 현재성을 인정하는 사람들은 당연히 무엇이 기독교적인 생각과 삶인가에 대한 중요한 진리를 포착하게 된다.

그러나 동시에 우리는 이것이 정말로 하나님 나라의 전부인가를 물어야 한다. 이러한 관점이 하나님 나라에 대한 예수님의 가르침을 모두 담아내고 있는가? 우리가 살아가는 오늘이 정말로 하나님 나라가 이루어진 때인가? 고통과 부정의가 지속되고 있는 이때가 정말로 그때인가? 이것이 정말로 전부인가?

번영신앙이라는 이상한 돌연변이?

지금까지 하나님 나라에 대한 예언자들의 이해를 살펴보았다. 이에 대한 논의를 마무리하기 전에, 우리는 북아메리카에 사는 일부 그리스도인들이 문서 예언자들의 비전을 다소 놀라운 형태로 변용했다는 사실을 살펴보아야 한다. 일부 그리스도인들은 "번영신앙"이라 불리는 것을 중요하게 생각한다.

믿음에 대한 이러한 이해를 가지고 있는 사람들은 예수님의 성육신, 죽으심, 부활하심 때문에 하나님의 충만한 부유하심을 현실의 삶에서 충만하게 경험하도록 우리가 선택되었다고 주장한다. 그리스도는 우리가 겪어야 할 고난을 당하셨고 이 고난을 통해 우리는 치유함을 받을 것이다. 지금은 부활의 때이고, 그렇기 때문에 우리의 일상은 그리스도의 승리를 통해 흘러나오는 축복으로 넘쳐나야 한다. 악은 그리스도에 의해 패배했다. 따라서 질병과 경제적 결핍은 그리스도 밖에서 살아가는 삶의 결과다.

다시 말하면, 이렇게 생각하는 사람들은 하나님 나라가 이 땅에 이미 충만하게 임했다고 생각한다. 최소한 이러한 믿음을 가진 사람들에게는 그렇다. 변혁과 사회적 의무를 그리스도인들의 일상에 부과하는 하나님 나라의 현재성 대신에, 이 관점은 하나님의 풍성한 잔치, 즉 승리를 자축하는 식사를 이 세상에서 우리가 하게 될 것을 약속한다.

이런 관점은 흥미롭게도 1세기 고린도 교회 그리스도인들이 가졌던 생각과 유사하다. 고린도 지역의 그리스도인들은 그들이 살던 시기를 부활의 때라고 여겼다. 그래서 그들은 하나님의 풍성하심을 누려야 할 때를 살고 있다고 생각했다. 그들에게 부활은 이미 일어난 일이었고, 그래서 그들은 미래에 또 다른 부활이 있을 거라고 믿지 않았다(고린도전서 15장). 이런 이유로 바울은 그들을 비꼬면서 이렇게 썼다.

66　　　　　　하나님 나라

"너희가 이미 배부르며 이미 풍성하며 우리 없이도 왕

이 되었도다 우리가 너희와 함께 왕 노릇 하기 위하여

참으로 너희가 왕이 되기를 원하노라"(고린도전서 4:8).

바울은 다른 구절에서도 고린도 지역의 형제와 자매

들에게 이 시대가 풍요의 때가 아니라 사실은 십자가의

때라는 것을 강하게 환기시킨다. 그래서 사도 바울은 그

들이 그리스도의 부르심을 진지하게 고민해보면서 그리

스도의 십자가가 예시하는 종 된 삶을 살도록 촉구한다

(고린도전서 1:18-2:5과 11:17-34을 보라).

숙고를 위한 질문

1. 우리 사회는 어떤 면에서 아모스가 살던 시대와 유사한가?

2. 현재에 대한 하나님의 관심은 그리스도의 사명을 이해하는 데 어느 정도 도움을 준다고 생각하는가?

3. 하나님께 드리는 우리의 예배가 우리의 동료와 이웃을 대하는 방식에 어떤 영향을 준다고 생각하는가?

4. 하나님 나라의 현재성에 대한 증거들을 당신은 어떻게 해석하는가?

5. 사회적, 정치적, 경제적 현실에 대한 하나님의 염려는 교회 공동체들이 오늘날 그들의 사명을 정의하는 데 얼마나 중요한가?

Kingdom of God

"그러나 주의 날이 도둑 같이 오리니

그날에는 하늘이 큰 소리로 떠나가고

물질이 뜨거운 불에 풀어지고

땅과 그중에 있는 모든 일이 드러나리로다"

베드로후서 3:10

3장

당신의 나라가 오게 하시며

: 하나님 나라에 대한 묵시적 관점

내 친구 둘이 최근 유럽으로 갔던 긴 신혼여행을 마치고 돌아왔다. 영국에 있는 동안 둘은 북아일랜드에 있는 친척들을 방문했다고 한다. 거기에서 그들은 현세에 대한 뜻밖의 비관주의가 기독교 공동체 안에 있다는 것을 알게 되었다. 북아일랜드는 친영국파와 반영국파로 나뉘어 수십 년간 심각하게 싸웠는데, 이를 경험한 수많은 그리스도인은 이 세상에 평화가 깃들 것이라는 소망을 완전히 잃어버렸다. 그들이 보기에 정부군은 무능력하거나 어떤 변화를 만들어내는 데 아무런 관심이 없는 것 같았다. 이 그리스도인들은 런던에 정나미가 떨어졌고, 나아가 무능한 인간들의 어떤 생각이나 계획도 신뢰하지 않게 되었다. 오직 하나님만이 하실 수 있다고 믿었다. 그들은 하나님이 마지막 때에 개입하실 것이라는 소망에 온 마음을 쏟게 된 것이다.

격동의 시기를 살아냈던 북아일랜드 그리스도인들은 사람들이 하나님 나라에 대한 묵시적 비전이라고 부르는 것을 구체화했다. 그들이 경험했던 것처럼, 이 세상의 삶은 하나부터 열까지 악하다. 더 나은 세상이 가능하기는 하지만, 개혁을 위한 순전히 인간적인 노력은 아무런 변화를 만들지 못한다. 변화는 바깥에서부터 시작될 수밖에 없고, 당연히 오직 하나님으로부터 시작될 수밖에 없다는 것이다.

묵시적 비전[12]

일찍이 문서 예언자들은 역사를 하나님의 영향력과 역사가 실현되는 시공간으로 생각했다. 그러나 바벨론 포로기를 경험하면서 이스라엘 사람들은 이러한 역사관에 의문을 표하기 시작했다. 그들은 새로운 세계관을 가지게 될 수밖에 없었다.

주전 587년에 느부갓네살은 솔로몬 성전을 파괴했고, 바로 이때 바벨론 포로기가 시작되었다. 이 역사적 사건이 큰 국가적 위기를 만들어냈다는 사실을 부인할 수 없다. 바벨론 포로기는 사실 완전히 새로운 시대를 열었다. 서로 뿌리 깊이 연결된 종교와 정치의 영역에서 발생한 긴급 사태가 이러한 새로운 시대를 만든 것이다.

이런 새로운 흐름은 이미 예레미야서, 에스겔서, 이사야서의 후반부에서 찾을 수 있다. 이 성경 문서들은 점진적으로 구원을 우주적인 차원에서 보기 시작했다. 이러한 글들에서 우리는 묵시문학의 기본적인 특징이 되는 원재료들을 미리 맛보게 된다. 즉 구원의 우주적 드라마, 하늘과 땅의 이분법, 옛 시대와 다가올 새 시대의 구분

---

12. "묵시"(Apocalyptic)라는 용어는 (요한계시록 1:1에서처럼) 자주 "계시"로 번역되는 헬라어 단어 아포칼립시스(ἀποκάλυψις)에서 왔다. 이 단어는 형용사와 명사 모두로 사용되며, 주전 250년부터 주후 100년까지 일어난 사회 운동, 세계관, 문학 장르를 묘사할 때 쓰인다.

3장 당신의 나라가 오게 하시며

같은 것들이 어느 정도 대예언서들에 반영되어 있다.[13]

바벨론 포로기는 왜 이렇게 깊은 영향력을 이스라엘에 미쳤을까? 몇 가지 증거들이 이 질문에 대한 답을 줄 것이다. 하나님은 아브라함과 그의 자손들에게 **약속의 땅**을 주겠다고 말씀하셨다. "너는 눈을 들어 너 있는 곳에서 북쪽과 남쪽 그리고 동쪽과 서쪽을 바라보라 보이는 땅을 내가 너와 네 자손에게 주리니 **영원히** 이르리라"(창세기 13:14-15). 그런데 지금 그 땅이 이방인 왕의 손에 넘어갔다. 하나님이 자신의 약속을 잊어버리신 것인가? 아니면 그분은 자신의 약속을 지킬 능력이 없으셨던 것인가?

하나님은 다윗에게 위대하고 **영원한 왕국**을 약속하셨다.

"여호와가 또 네게 이르노니 여호와가 너를 위하여 집을 짓고 네 수한이 차서 네 조상들과 함께 누울 때에 내

---

13. Stephen H. Travis, *Christian Hope and the Future*(Downers Grove, Illinois: InterVarsity, 1980), p. 31.

가 네 몸에서 날 네 씨를 네 뒤에 세워 그의 나라를 견
고하게 하리라 … 네 집과 네 나라가 내 앞에서 **영원히**
보전되고 네 왕위가 **영원히** 견고하리라 하셨다 하라"

(사무엘하 7:11-13, 16; 강조는 저자의 것).

그러나 다윗 왕조는 이제 멸망의 위기에 처해 있다.
하나님이 자신의 약속을 잊어버리신 것일까? 아니면 그
분은 자신의 약속을 지킬 능력이 없으셨던 것일까?

게다가 하나님은 위대한 **성전**을 짓도록 허락하시고
축복하셨다. 이 성전은 그분의 현존이 드러나는 곳이었
다. 이 성전은 이스라엘 백성들의 예배가 행해지던 곳이
었다. 그러나 이제 이 성전은 존재하지 않는다.

간단하게 말해 이스라엘 사람들의 종교는 그들의 문
화를 떠받치고 있던 기둥들, 즉 이스라엘 백성들에 대한
하나님의 신실하심을 재료로 삼아 세워진 기둥들과 긴밀
히 연결되어 있다. **그런데 이 기반이 허물어지고 있다.**
이스라엘 백성들의 신앙은 혼돈에 빠질 수밖에 없었다.
이스라엘의 하나님이 자신의 백성을 새까맣게 잊어버리
신 것처럼 보였기 때문이다.

3장 당신의 나라가 오게 하시며   75

바벨론 유수 이후에, 이스라엘 사람들의 삶은 더 나아
질 것처럼 보였다. 그런데 이어진 역사적 사건들은 이스
라엘 사람들에겐 새로운 재앙들이었다.

바벨론 포로 생활을 하면서 자신들이 하나님의 백성
이라는 독특한 정체성이 흔들렸다. 알렉산더 대왕이 팔
레스타인을 정복한 일련의 사건들도 그들의 이러한 정
체성과 전혀 어울리지 않은 일들이었다. 알렉산더 대왕
은 (당시 사람들의 기준으로) 전 세계를 정복함으로써 새로
운 사회를 만들어내고 싶어 했다. 그의 꿈은 그리스 문화
를 공통분모로 삼아 모든 문화를 섞는 것이었다. 그래서
헬레니즘화로 알려진 이런 작업은 주전 4세기에 팔레스
타인에서도 시작되었다. 그리스 문화는 삶의 모든 면에
천천히 스며들기 시작했고, 무역, 상업, 사회 구조, 언어,
교육, 사고 구조에 영향력을 행사했다.

팔레스타인 유대교에 속한 많은 사람은 헬레니즘과
유대교가 이상하게 섞여버린 이러한 변화를 하나의 일탈
로 보았다. 예수님의 공생애 동안, 그리고 그 이전에 몇
세기 동안, 어떤 사람이 야웨 하나님에게 신실한 사람인
가를 결정하는 결정적인 요소는 주로 **팔레스타인 지역의**

헬레니즘화에 대한 사람들의 입장 차이였다.

그래도 알렉산더 대왕이 만들어낸 헬레니즘화 과정은 안티오쿠스 4세가 시행한 정책과 비교하면 상대적으로 부드럽게 진행됐다. 주전 2세기 초반에 안티오쿠스는 왕위에 올랐고 자신의 이름에 "에피파네스"●를 덧붙였다. 이렇게 그는 자신을 신의 현존으로 여겼다.

안티오쿠스 에피파네스는 팔레스타인 지역에서 더디게 헬리니즘화가 일어나는 것을 참지 못했다. 그래서 그는 강도 높고 광범위하게 개혁을 진행했다. 이 시기의 사료에 따르면, 그는 자신의 개혁 프로그램과 "개방 정책"을 사람들이 받아들이게 만들기 위해서 유대인들의 종교적 신념을 바꾸는 것이 중요하다는 사실을 알고 있었다. 유일신을 중심에 두고 살았던 이스라엘 사람들을 철저히 바꾸기 위한 그의 정책은 역사적으로 독특한 신앙과 독특한 이야기를 만들어냈다.

마카베오하 6:18-23(주전 180~161년에 일어났던 일을 기록하고 있는 유대 문헌)이 우리에게 들려주는 이야기가 좋은

● 신의 나타남이라는 뜻 - 옮긴이

3장 당신의 나라가 오게 하시며　　　77

예다. 이 이야기는 "나이 많고 고결한" 율법학자 엘르아잘에 관한 것이다. 그는 "자기 생활을 더럽히고 살아가는 것보다 명예롭게 죽는 것이 낫다고" 여긴 모범이 되는 인물로 묘사된다. 그는 실제로 돼지고기를 먹으라는 명령을 받아들이지 않았고 타협하는 신앙을 거부했다. 이 이야기에 따르면 "율법에 어긋나는 희생제"를 책임지고 있던 사람 중에는 엘르아잘과 오랜 친분이 있었던 사람도 있었는데, 그들은 엘르아잘을 따로 불렀다. 그들은 조용한 곳에서 그가 먹어도 괜찮은 고기를 가져오라고 했고, 그것을 먹으며 돼지고기를 먹는 체하라고 권했다. 그러나 엘르아잘은 이것조차 거부했고, 결국 자진해서 태형대로 올라갔다. 마카베오서 저자는 계속해서 이렇게 기록한다.

"엘르아잘은 모진 매에 못 이겨 거의 죽어가면서 신음하는 소리로 말하였다. 주님은 거룩한 지식을 가지고 계십니다. 그러니 내가 죽음을 면할 수 있었는데도 불구하고 육체적으로 매를 맞아 무서운 고통을 당하고 있으나 하나님을 경애하고 있기 때문에 마음으로 이 고통을 달게 받는다는 것을 잘 알고 계십니다"(마카베오하 6:30).

이것이 묵시 사상이 탄생한 배경이라면, 우리는 좀 더 구체적으로 이러한 사람들의 특징과 그들의 세계관에 대해 알아볼 필요가 있다.

우리는 나사렛 예수가 탄생하기 전 2세기 동안 발생한 두 가지 주된 종교적 성향을 추적해 볼 수 있다.

첫 번째는 근본적으로 성직자 중심의 운동이었다. 이 사고와 삶의 운동은 성직자와 상위 계층을 중심으로 일어났다. 그들이 이스라엘의 문제를 해결하려고 선택했던 방식은 "우리가 했던 방식으로 돌아가자"라는 핵심 주장으로 요약될 수 있다. 그들은 이스라엘의 운명을 역사 안에서 구현하고 싶어 했다. 즉 그들은 성전을 중심에 두었던 유대 민족의 독립을 다시 얻고자 했다. 당연히 그들은 이 새로운 나라에서 중심적인 위치를 갖게 되기를 기대했다. 그들은 그들이 바랐던 회복이 안겨줄 경제적이고 정치적인 열매를 얻기를 원했다.

다른 그룹인 **묵시 공동체**는 전혀 힘을 얻지 못했다.

3장 당신의 나라가 오게 하시며 **79**

그들은 경제적으로, 사회적으로, 정치적으로 비주류였고 소외된 계층을 대표한다. 그들은 현실 세계에 전혀 소망을 두지 않았고, 이전의 삶의 방식으로 회귀하기를 원하지도 않았다. 반대로 그들은 하나님이 인간사에 침투하셔서 세계의 종말과 함께 그분의 영원한 나라를 건설하시기를 기대하며 현재의 위기를 극복하고자 했다.

묵시 사상은 이런 공동체 안에서 만들어졌다. 이런 이유로 어떤 사람들은 묵시 사상을 사회 운동으로 보려고 할 것이다. 그러나 묵시 사상은 사회적 현상일 뿐 아니라 하나의 세계관이다.

그렇다면 이런 사람들은 어떻게 현실을 받아들이는가? 그들의 삶의 철학은 어떤 것인가? 그들 대부분이 당대에 발생한 역사적인 사건들 때문에 많은 것을 잃어버린 사람들이라는 것을 기억해야 한다. 그래서 그들은 다음과 같은 질문과 씨름했다. 하나님은 어디 계시는가? 우리는 불합리한 현실을 어떻게 설명할 수 있을까? 우리는 마지막 때가 오기 전에 어떻게 살아가야 하는가? 무엇이 우리의 소망인가?

이런 질문에 대한 그들의 답은 시간과 공간을 재해석

한 묵시 사상에 바탕을 둔다. 첫 번째, 그들은 시간을 새롭게 보기 시작했다. 그들은 현재 경험하고 있는 악을 감추려고 하지 않았다. 그들은 고통이 이 현실 세계를 구성하고 있는 중심적인 요소가 아니라고 애써 부인하지 않았다. 오히려 그들은 시야를 넓혀, 현실 세계를 더 긴 시간적인 맥락에 놓았다. 그들은 하나님이 하시는 일을 우주적인 관점에서 보기 시작했고, 그들의 현실을 하나님의 거대한 구원 행위 안에서 이해하려고 했다. 이러한 방식으로 그들은 창조**와** 새 창조를 모두 포함한 역사의 긴 흐름을 볼 수 있게 되었다. 그래서 하나님의 약속이 이전에는 현재를 위한 것으로 이해되었지만, 그들은 이것을 미래로 투영시킬 수 있었다. 하나님은 자신의 백성들을 잊어버리신 것이 아니라 단순히 시간을 조금 더 넓은 관점에서 보고 계신 것이었다.

다시 말하면, 이들은 이스라엘 사람들이 가졌던 좁은 시야를 제거하려고 했다. 그들은 더 이상 현재에 집착하지 않을 수 있었다. 오히려 그들은 역사에 대한 더 넓은 관점을 발전시켰다. 이것은 그들이 경험하고 있던 현재의 위기를 더 넓은 관점에서 이해할 수 있게 도왔다.

시간에 대한 이와 같은 새로운 이해는 기독교 신앙의 초석을 제공했다. 예를 들면, 부활의 개념이 이 시기에 역사의 전면에 등장했다. 즉 하나님은 죽음으로부터 구원을 이루시는 것만 아니라 **죽음을 통해서 그리고 죽음을 넘어서** 구원을 이루실 것이다. 메시아에 대한 기대, 즉 구원을 성취하실 하나님의 대리인이 미래에 오실 것이라는 소망도 점차로 증가했다.

두 번째, 이들은 공간을 새롭게 이해하기 시작했다. 그들은 실재에 대한 조금 더 **우주적인** 관점을 발전시켰다. 이 관점은 요한계시록에 묘사된 것과 같은 우주 전쟁에 관심을 둔다.

묵시 사상의 발전 이전에 세상을 더 넓은 관점에서 묘사했던 중요한 성경 구절 중 하나는 열왕기하 6:8-23이다. 이 말씀은 엘리사와 아람 군대에 관한 이야기다. 아람은 이스라엘을 위해 좋은 군사 정보를 제공하는 엘리사에게 화가 났고, 신하들에게 엘리사가 어디에 있는지 묻는다. 엘리사가 도단에 살고 있다는 사실을 알고는 아람은

"말과 병거와 많은 군사를 보내매 그들이 밤에 가서 그
성읍을 에워쌌더라

하나님의 사람의 사환이 일찍이 일어나서 나가보니 군
사와 말과 병거가 성읍을 에워쌌는지라 그의 사환이 엘
리사에게 말하되 아아 내 주여 우리가 어찌하리이까 하
니

대답하되 두려워하지 말라 우리와 함께 한 자가 그들과
함께 한 자보다 많으니라 하고

기도하여 이르되 여호와여 원하건대 그의 눈을 열어서
보게 하옵소서 하니 여호와께서 그 청년의 눈을 여시매
그가 보니 불말과 불병거가 산에 가득하여 엘리사를 둘
렀더라"(열왕기하 6:14-17).

엘리사의 사환은 우리의 눈으로 보는 것보다 더 많은
것이 하나님과 함께할 때 보인다는 사실을 알게 되었다.
현대인들은 엘리사의 사환과 비슷하게 오직 오감이 말
해 주는 것만이 진짜라고 믿는 경향이 있다. 만약 그들이
어떤 것을 맛보거나 냄새를 맡거나 듣거나 느끼거나 볼
수 없으면 그것은 존재하지 않는 것이다. 묵시 사상가들

이 알아챘던 것처럼, 이것은 실재에 대한 매우 제한적이고 좁은 시각이다. 묵시 사상가들은 **믿음의 눈**으로 보거나 **믿음의 귀**로 듣는 감각을 발전시키는 것이 필요하다고 여기게 되었다.

이러한 새로운 관점은 하나님이 어떻게 천상의 전쟁에 참여하고 계신지 우리가 더 분명하게 이해하도록 도왔다. 하나님은 그분의 백성들을 잊어버리신 것이 아니다. 그분은 그저 역사에 대한 더 넓은 관점을 가지고 계신 것뿐이다. 그리고 하나님은 빛과 어두움의 더 큰 우주적 전쟁, 선과 악의 우주적 전쟁에 참여하고 계신다. 이런 새로운 감각을 가지고 있으면, 하나님의 사람들은 하나님이 마치 세상에서 힘을 발휘하시지 못하고 계신 것처럼 보이더라도 결국 하나님이 승리하실 것이라고 믿을 수 있게 된다.

요약하면, 묵시 사상가들은 하나님이 미래에 오실 것이고 세상에 들어오셔서 우주적 대격변을 일으키실 것이라고 기대했다. 그러면 역사는 끝이 나고 그분의 왕국이 세워질 것이다. 묵시 사상가들은 예언자들처럼 하나님이 샬롬을 가져올 것이라 생각했다. 그러나 그들은 하

[표3] 하나님 나라에 대한 묵시적 관점

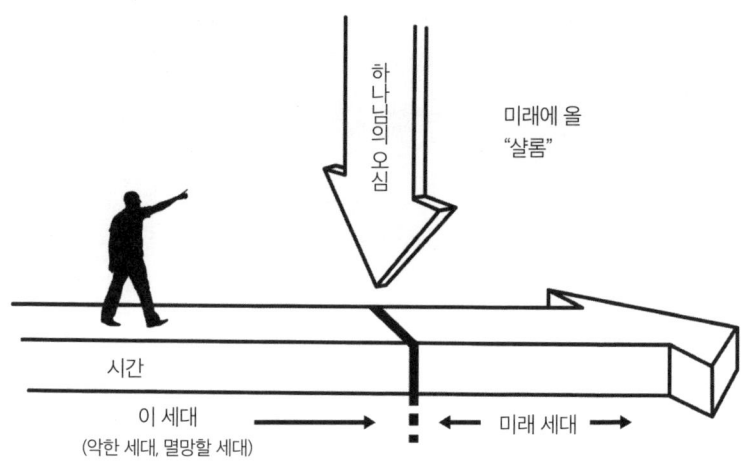

나님의 평화와 정의가 바로 지금 여기에 이루어지는 것이 아니라 다가올 세상에서 이루어질 것이라 믿었다(표3을 보라).

예수님과 하나님 나라의 미래성

1세기 초반 예수님이 활동하실 때, 묵시 사상은 많은 유대교 운동에서 발견되었다. 이스라엘 사람들은 오랫동안 로마 같은 여러 나라의 지배를 받으며 살았고, 그중 많은 사람이 그들을 위해 하나님이 세상사에 곧 개입하실 것이라 기대했다. 우리는 예수님의 탄생에 대한 누가의 기록으로부터 이것을 어느 정도 알 수 있다. 누가는 시므온이 "이스라엘의 위로"를 기다리고 있고 안나가 "예루살렘의 속량을 바라는 모든 사람에게" 예수님에 대해 말한다고 기록한다(누가복음 2:25, 38).

예수님은 이전의 사람들이 묵시적인 관점으로 실재를 바라보았던 것처럼 하나님 나라가 올 것이라고 계속 예견하셨다. 예수님은 하나님 나라가 도둑처럼 갑자기 올 것이라고 말씀하시기도 하신다(마가복음 13장 보라). 또 어떤 때는 하나님 나라의 임박성에 대해 덜 강조하시지만, 그럴 때도 여전히 하나님 나라의 "이미"와 "아직"을 선포하신다. 사실 예수님이 하나님의 통치가 미래에 실현될 것이라고 말씀하시는 구절은 복음서 곳곳에서 발견된다.

분명하게 미래를 지향하고 있는 구절이 있는데, 누가복음 13:28-29이 대표적이다. 이 두 절은 더 큰 맥락에서 어떤 사람이 예수님에게 물었던 "주여, 구원을 받는 자가 적으니이까?"라는 물음에 대한 답이다. 이 질문에 대한 답의 일부분인 28~29절은 이방인들도 하나님 나라에 참여하게 될 뿐만 아니라 유대인들과 함께 동등하게 하나님의 자비를 누리게 될 사람들이라는 진리를 전달하고 있다.

"너희가 아브라함과 이삭과 야곱과 모든 선지자는 하나님 나라에 있고 오직 너희는 밖에 쫓겨난 것을 볼 때에 거기서 슬피 울며 이를 갈리라 사람들이 동서남북으로부터 와서 하나님의 나라 잔치에 참여하리니"(누가복음 13:28-29).

28절의 핵심은 예수님과 그분의 말씀을 거부한 사람들의 운명을 보여 주는 것이다. 29절은 사방에서 오는 사람들을 묘사하면서, 영원한 구원을 위한 문이 심지어 유대인이 아닌 사람들에게도 열릴 것이라고 선언한다. 여기서 하나님 나라는 미래에 있을 큰 잔치로 비유된다(누가복음 14:1-24도 함께 보라).

"나라가 임하시오며"라는 기도를 담고 있는 마태복음

6:9-13과 열 명의 처녀 비유를 기록하고 있는 마태복음 25:1-13은 하나님 나라가 미래에 올 것이라는 내용을 담고 있는 또 다른 구절들이다.

현대적 적용

이전 장에서 말했던 것처럼, 하나님 나라에 대한 예언자적 비전을 지지하는 이들이 있다. 동일하게 묵시적 소망을 품고 있는 이들도 있다. 할 린지 같은 사람의 저술과 C. I. 스코필드(Scofield)와 찰스 라이리(Charles Ryrie)가 쓴 스터디 바이블은 하나님의 오심을 경험할 미래 시대를 현재와 근본적으로 구분하는 묵시 사상을 담고 있다.

이런 사람들과 함께 북아메리카에 사는 더 보수적인 그리스도인 다수는 예수님의 말씀이 본질적으로 미래적인 하나님 나라를 담고 있다고 믿는다. 이들에게 중요한 말씀 구절 중 하나는 마가복음 1:15일 것이다. "하나님의 나라가 가까이 왔으니 [그러나 여기에 아직 있지는 않고]!" 그리스도는 언젠가 다시 돌아오실 것이고, 그의 재림과 함께 하나님 나라는 실현될 것이다.

앞에서 언급한 북아일랜드에 사는 그리스도인들처럼, 현실을 이해하는데 묵시 사상이 적합하다고 보는 사람들은 현시대를 본질적으로 가망이 없고 악한 세대로 본다. 만약 하나님 나라가 어떠한 방식으로든 현재적이라면, 그것은 오직 영적인 영역에서만 그렇다. 그리스도를 주님으로 고백하는 사람들의 영적인 삶에서만 그렇다. 표

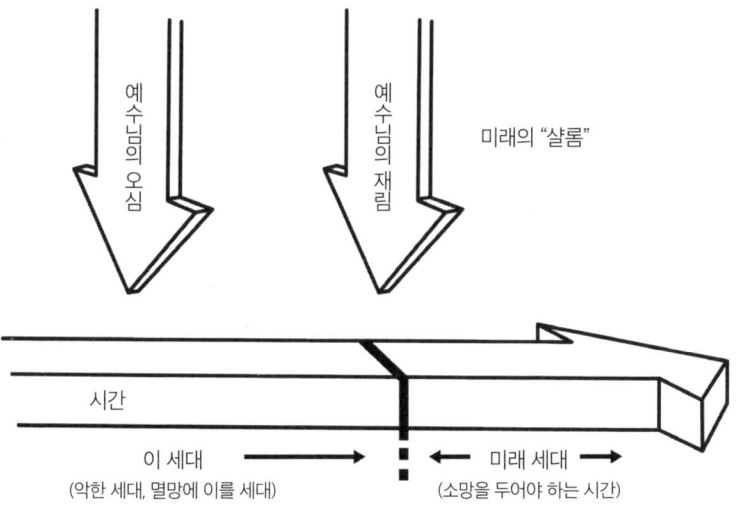

[표4] 묵시적 관점의 현대적 적용

4가 보여 주는 것처럼, 그리스도인들은 소망을 전적으로 미래, 즉 그리스도께서 영광스럽게 오실 미래에 둔다.

그렇다면 교회가 마땅히 해야 할 일은 무엇인가? 이런 관점에서 보면, 교회는 이 세대가 대재앙과 함께 끝나야 시작되는 "두 번째 역사", 즉 하나님의 미래 나라에 개개인이 들어가게 만드는 데 관심을 기울여야 한다. 그러므로 교회의 사명은 전적으로 (1)이미 믿고 있는 사람들의 믿음을 튼튼하게 하는 것이고, (2)믿지 않는 사람에게는 복음을 전하는 것이다.

교회 역사가 도널드 데이턴(Donald Dayton)이 쓴 것처럼, 하나님 나라에 대한 묵시적 관점을 받아들이는 사람들은 이 악한 세상으로부터 진짜 신자들을 구하는 예수님의 재림을 기대한다.[14] 특별히 이러한 강조는 복음 선포와 개인에게 전하는 복음 전도를 20세기에 유행시켰다.

앞선 장에서 언급했던 다른 관심사들, 즉 정치적이고 경제적인 구조를 개혁하거나 환경을 걱정하는 것은 이런

---

14. Donald W. Dayton, *Discovering an Evangelical Heritage*(New York: Harper & Row, 1976), pp. 126-127.《다시 보는 복음주의 유산》(요단).

흐름에서 교회의 주된 관심에서 밀려나게 된다. 결국 이런 것들은 단지 멸망할 세상의 현재적 문제일 뿐이고, 주님의 날이 도래하면 없어질 세계일 뿐이다.

평가

우리는 하나님 나라에 대한 묵시적인 이해를 어떻게 받아들여야 할까? "2/3세계"●의 많은 신학자는 현재 억압과 고통을 견뎌내고 있는 사람들에게 이러한 관점이 쓸모가 없다고 지적한다. 그들은 이러한 관점을 전파하는 것이 사실은 악을 방치하며 사람들이 실제로 살아가는 삶에 관여하기를 거부하는 것이라고 본다. 이들이 보기에, 이와 같은 구원론은 "언젠가" 하나님이 오시면 더 나은 날이 있을 것이라고 꿈꾸는 것을 제외하고는 아무런 역할도 하지 못한다.

그러나 이러한 비판은 신약성경의 가르침을 온전히

● 다수 세계의 또 다른 이름 – 옮긴이

받아들이는 것이 아니다. 성경은 하나님이 미래에 활동하실 것이라는 사실을 매우 강조한다. 신약성경이 말하는 믿음은 **보이는 것**이 전부가 아니라고 말한다.[15] 묵시사상과 이를 따르는 사람들은 하나님의 평화와 정의의 통치가 "아직 이루어지지 않았다"는 사실을 분명하게 말하고, 하나님이 미래에 오실 것이라고 강하게 소망한다.

우리는 지금까지 하나님 나라와 관련된 서로 다른 두 종류의 입장, 즉 예언자적 관점과 묵시적 관점을 살펴보았다. 하나는 현재에 몰두하고, 다른 하나는 미래에 몰두한다. 두 관점 모두 구약성경에 이미 존재했으며, 둘 다 현대 그리스도인의 지지를 받고 있다. 어떤 것이 옳을까? 우리는 둘 중 어떤 것을 선택해야 할까?

---

15. 예를 들어, 고린도전서 15:19을 보라. "만일 그리스도 안에서 우리가 바라는 것이 다만 이 세상의 삶뿐이면 모든 사람 가운데 우리가 더욱 불쌍한 자이리라"

숙고를 위한 질문

1. 우리 사회는 묵시문학 저자들이 직면했던 시대 상황과 어떤 면에서 비슷한가?

2. 당신과 당신 주변 사람들은 예수님이 오시기 전 이스라엘 사람들이 경험했던 절망을 경험하고 있는가? 이런 상황에 있다면, 당신은 하나님이 어떤 분이라고 생각하겠는가?

3. 묵시적 세계관은 현대 세계를 이해하는데 어떤 방식으로 도움을 주는가? 도움을 주지 않는다면, 어떤 면에서 그런가?

4. 예수님의 재림에 대한 강한 기대는 기독교의 사명에 대한 당신의 이해에 어느 정도 영향을 미치는가?

5. 오늘날의 교회가 하나님의 미래 구원 행위를 염두에 두고 교회의 사명을 이해하는 것이 얼마나 중요하다고 생각하는가? 이런 관점에서 본 교회의 사명은 어떤 것인가?

"때가 찼고 하나님의 나라가 가까이 왔으니

회개하고 복음을 믿으라"

마가복음 1:15

4장

하나님 나라를 구한다는 것

: 예언자적 관점과 묵시적 관점의 통합

저명한 신약학자 제임스 던(James D. G. Dunn)은 《오늘날 영국 북동부에서의 하나님 나라》라는 작은 책을 썼다.[16] 이 책에서 복음적인 영국 감리교도인 그는 얼마나 다양한 공동체와 사람들이 자신들의 공동체 상황과 삶의 상황에서 하나님 나라의 역동성에 반응하며 살아가는지를

---

16. James D. G. Dunn, *The Kingdom of God in North East England Today* (London: SCM, 1986). 나는 이 장을 쓰면서, Bruce Childton and J. I. H. McDonald, *Jesus and the Ethics of the Kingdom*(Grand Rapids, Michigan: Wm. B. Eerdmans, 1987)에도 빚을 졌다.

보여 주었고, 이를 위해서 십여 개의 사례를 제시했다. 그가 나열한 다양한 예들을 통해 제임스 던은 하나님 나라에 반응하며 살고자 하는 사람들이 창조적 잠재력을 가진다는 사실을 보여 주었다. 실직자들을 위해 일자리를 만들어가는 장기적인 사업부터 영적인 회복을 위한 기도처 설립까지, 착한 소비를 촉진하는 운동부터 "2/3 세계"에서 만들어진 상품을 정당한 값을 주고 사는 공정 무역 운동까지 다양하다.

현시대에 작동하고 있는 하나님 나라에 대한 제임스 던의 묘사는 하나님 나라에 대한 반응이 창조적인 상상력을 불러일으킨다는 사실을 보여준다. 그리고 그는 어느 정도는 하나님 나라가 **이 세상에 역동적으로 실재한다**는 사실을 가정한다. 그의 책은 하나님이 미래만 아니라, 현재에도 굉장히 관심이 많으시다는 것을 전제한다. 제임스 던은 하나님의 통치가 우리가 보통 "영적인" 활동이라고 부르는 기도, 예배, 성경 공부와 같은 일만이 아니라 우리의 일상적인 하루 일과와도 관련이 있다고 말한다.

우리가 던져야 할 질문은 제임스 던이 자신의 책에

서 한 주장이 예수님이 복음서에서 선포하신 하나님 나라에 대한 이해와 상응하느냐다. 그가 하나님 나라에 대한 적합한 반응으로 진술하고 있는 프로젝트들이 **하나님 나라에 대한 예수님의 가르침**과 어울리는가? 하나님 나라는 정말로 이 세상에서 이루어지는가? 하나님 나라는 지금 여기 이 땅의 삶에 관심이 있는가? 또는 예수님이 통치하시는 하나님 나라는 그리스도인들의 마음속에서 현재적으로 경험되는, 그리고 본질적으로는 미래에 이루어질 영적인 실체가 아닌가? 앞선 장들에서 우리는 이러한 질문이 가지는 중요성을 구체적으로 살펴보았다. 그리고 성경에 기록된 서로 다른 관점이 이러한 질문에 서로 다른 방식으로 대답한다는 사실을 알아보았다. 이런 질문에 답하는 것은 사실 우리가 예수님의 가르침을 입체적으로 살펴볼 때만 가능하다. 나는 마가복음 1:15을 새롭게 해석함으로써 이를 어느 정도 해낼 수 있다고 믿는다. "때가 찼고, 하나님의 나라가 가까이 왔다!"

마가복음 1:15:
하나님 나라의 좋은 소식

마가복음 1:15에 대한 충실한 해석은 병렬되는 두 선언의 진정한 의미를 알아볼 때만 가능하다. 예수님의 가르침에 대한 요약을 담고 있는 이 말씀은 두 개의 확신을 보여 준다. 하나는 매우 현재적인 특징을 가지고 있고, 나머지 하나는 다가올 무언가를 가리키고 있다.

첫 번째 구문은 다양하게 번역되어 왔는데, 대부분의 번역이 핵심을 잘 담아내고 있다. 이전에 예견되었던 어떤 것이 성취되었다는 헬라어 문장의 현재적 특징을 잘 담고 있다. 그러면 예견되고 성취된 "어떤 것"이란 무엇인가? 많은 성경 번역은 "때"가 왔다고 이야기한다. 그러나 우리는 이것을 분과 시를 나타내는 구체적인 시간을 가리키는 것으로 받아들여서는 안 된다.

시간을 가리키는 헬라어 중에는 크로노스가 있다. 정밀한 시계를 뜻하는 영어 단어 "크로노미터"(chronometer)나 연대표를 뜻하는 크로놀로지(chronology)가 이 헬라어 명사에서 유래했다. 크로노스는 매초, 매분, 매시마다 지

98　　　　　　하나님 나라

나가는 그런 시간을 가리킨다. 마가복음 1:15에서 예수님은 이런 개념을 염두에 두고 말씀하지 않으셨다.

시간을 가리키는 또 다른 헬라어 단어에는 카이로스가 있는데, 이 단어가 바로 마가복음 본문에서 쓰였다. 때로는 카이로스도 크로노스와 큰 차이 없이 "순간순간 측정될 수 있는 시간"으로 사용되기도 한다. 그러나 카이로스는 종종 깊은 신학적 함의를 담아낸다. "은혜의 때", "구원이 예정된 때", "올바른 때", "하나님이 은혜롭게 찾아오시는 때" 같은 것이 그 예다.

다시 말하면, 예수님이 "때"(카이로스)가 찼다고 선포하셨을 때, 이는 오랫동안 기다려왔던 그때가 왔다는 것을 의미한다. 이사야서에서 사용된 단어를 채택하여, 예수님은 "복음"을 다음과 같이 선포하신다. "당신의 하나님이 오셨다!" 예언자들이 숙고하던 그것이 바로 지금 일어나고 있는 것이다. 하나님은 예수 그리스도의 몸을 입고 오셨고, 이제는 모든 것이 달라졌다. 새로운 날이 동텄다. 구원의 때가 우리 앞에 닥친 것이다. 바로 이것이 마가복음 1:15에 나오는 예수님의 첫 번째 선언이 의미하는 바다.

4장 하나님 나라를 구한다는 것　　99

그러나 이 말씀은 동시에 하나님 나라가 "아직 오지 않았다"는 의미도 담고 있다. "하나님 나라가 가까이 왔다"라고 예수님이 선언하셨지만, 이 말씀은 하나님 나라가 여기에 완전히 임한 것은 아니다는 말이기도 하다. 이 말씀에서 중요한 헬라어 단어는 엥기켄인데, 이 단어는 "가까이 있다"(NIV), "거의 다다랐다"(NEB), "임박했다"(NASB, NKJV) 등으로 번역될 수 있다. 이 단어는 임박성과 미래의 성취라는 이중적인 의미를 담고 있다. 하나님 나라의 마지막 도래는 이미 여기에 왔다. 하나님 통치의 완전한 실현은 어떤 순간에도 역사 안으로 침투해 들어올 수 있다. 그러나 "아직은 아니"기도 하다.

요약하면, 예수님의 선포는 과거에 가졌던 기대에 대한 현재적 실현에 집중하면서, 동시에 하나님 나라가 미래에 완성될 것이라는 여지도 남겨두고 있다. 그렇다면 예수님은 하나님 나라에 대한 예언자적 관점을 차용하셨는가? 그렇다. 예수님은 하나님 나라에 대한 묵시적 관점도 차용하셨는가? 그렇다. 예수님은 이미 예전부터 존재했던 두 개의 개념을 동시에 쥐고 계신다. 즉 묵시적인 비전을 예언자적 비전에 뿌리내리게 하셨다. 이러한

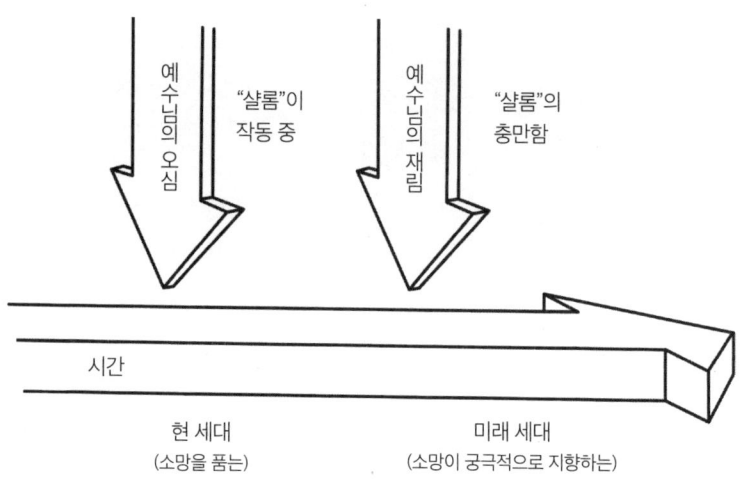

[표5] 예수님이 선포한 하나님 나라

예수님의 오심 / "샬롬"이 작동 중 / 예수님의 재림 / "샬롬"의 충만함

시간

현 세대
(소망을 품는)

미래 세대
(소망이 궁극적으로 지향하는)

방식으로 그분은 하나님의 완전한 통치가 도래할 것이고 동시에 하나님 나라가 이미 이 세상을 뚫고 내려왔다고 선포하셨다(표5를 보라).

하나님 나라와 성장 비유들

하나님 나라는 현재적인가? 우리가 하나님의 통치가 실

현되었다고 선포한다면, 이에 대한 사람들의 우선적인 반응은 아마 실망일 것이다. 정말로 **이 세대**가 우리가 그렇게 기다리던 그때인가? **이 사회**가 하나님이 약속하신 평화롭고 정의로운 사회인가?

예를 들면, 버클리에 있는 나의 사무실 건너편에 있는 피플스 파크(People's Park)는 70~80년대에 사람들이 자유롭게 연설을 하던 장소였다. 버클리는 이것 때문에 상당히 유명해졌다. 그런데 피플스 파크는 지금 노숙자들로 가득 차 있다. 이들은 남녀노소 할 것 없이 자신들만의 세상을 짊어지고 살고 있다. 그들의 일상은 골목길에서 시간을 보내거나, 공원 인근에 있는 주차장에서 떼를 지어 서성거리는 것이다. 궂은 날씨를 피해 교회와 학교 건물 현관에 머물기도 한다. 그들이 살아가는 매일의 일상은 사람들의 관심 밖에 있고 희망이 없어 보인다. 어떤 이들은 주류 사회에서 스스로 나왔고, 어떤 이들은 주류 사회에서 타의로 퇴출당하기도 했다. 그들 모두는 사회로부터 거부당한 사람들이다. **이것이** 하나님 나라란 말인가? 정말로 그러한가?

이와 같은 예들을 끝없이 댈 수 있다. 이는 이 국지적인 현상이 아니라 전 세계적인 현상이다. 우리 주변과 남아프리카의 인종 차별을 보라. 우리나라와 기근이 창궐한 에디오피아에서 흔하게 볼 수 있는 이미 오래된 기아를 보라. 우리나라, 북아일랜드, 중동에 만연한 긴장과 심각한 갈등을 보라. 이뿐 아니라 그저 우리의 일상을 돌아보기만 해도, 우리는 **"이것이** 예언자들이 예언했던 그 나라인가?"** 혹은 **"이것이** 하나님 나라인가?"라고 묻지 않을 수 없다.

이러한 질문과 이에 잇따르는 우리의 실망감은 당연히 새로운 것이 아니다. 예수님의 시대에도 사람들은 그들만의 방식으로 이러한 실망감을 느끼고 표현했다. 결국 다음과 같은 질문을 묻지 않을 수 없다. 반대되는 증거들이 넘쳐나는 상황에서 하나님 나라의 현재적 실현을 선포하는 것이 어떤 의미가 있는가? 예수님의 오심으로 이스라엘 사람들의 진정한 예배는 회복되었는가? 아니다. 로마인들이 물러나고 약속의 땅이 하나님의 백성에게 돌아갔는가? 아니다. 고아와 과부와 가난한 이들 같은 "작은 자들"이 구약성경의 가르침대로 보살핌을 받기 시작했는가? 아니다. 그런데 예수님은 어떻게 "오랫동안 기다려왔던 때가 이미 왔다"라고 선포하실 수 있단 말인가?

예수님은 이와 같은 질문들을 실제로 받으셨던 것 같다. 혹은 이러한 질문을 미리 예상하셨는지도 모른다. 어떤 경우더라도, 우리가 흔히 "씨앗 비유들"이라고 부르는 예수님의 말씀은 이런 실망과 의심에 대해 답하고 있다. 동시에 이 비유들은 하나님 나라의 본질에 대한 예수님의 중요한 가르침을 전달하고 있다.

마가복음 4장은 예수님의 비유로 가득 차 있다. 마가복음 4:34은 4장 전체를 적절하게 요약하면서, "비유가 아니면 말씀하지 아니하시고 다만 혼자 계실 때에 그 제자들에게 모든 것을 해석하시더라"고 기록한다. 특히 마가복음 4:26-32에 등장하는 두 개의 비유는 우리의 관심을 끈다. 첫 번째, 마가복음은 비밀스럽게 자라는 씨 비유를 우리에게 전해 준다.

"또 이르시되 하나님의 나라는 사람이 씨를 땅에 뿌림과 같으니 그가 밤낮 자고 깨고 하는 중에 씨가 나서 자라되 어떻게 그리 되는지를 알지 못하느니라 땅이

스스로 열매를 맺되 처음에는 싹이요 다음에는 이삭이요 그 다음에는 이삭에 충실한 곡식이라 열매가 익으면 곧 낫을 대나니 이는 추수 때가 이르렀음이라"(마가복음 4:26-29).

이 비유가 우리에게 주는 첫 번째 인상은 하나님 나라가 정확히 무엇과 비교되는지 알기 어렵다는 것이다. 하나님 나라는 사실 이 비유에서 어떤 구체적인 것과도 병렬되지 않는다. 처음에 한 사람이 나오고, 다음에 씨, 땅, 충실한 곡식이 차례대로 나온다. 바로 이것이 비유의 핵심을 강조한다. 비유의 핵심은 신비로운 자라남이다.

예수님이 오랫동안 기다리셨던 때가 이미 **여기에** 왔다고 선포하셨을 때 이에 대해 실망한 사람들이 있었는데, 그들의 본질적인 문제는 그들의 기대가 마땅히 있어야 할 자리에 있지 않았다는 것이다. 그들은 잘못된 것을 기다리고 있었다. 예수님이 가르치신 하나님 나라는 어떤 사람들이 예상했던 것처럼 대격변을 동반하고 오지 않는다. 하나님 나라의 도래가 본질적으로 "갑작스럽게" 혹은 "대격변을 동반해서" 이루어진다고 설명하는 것은 가장 좋은 방식이 아니라고 예수님은 말씀하신다. 예수님이 가르치신 하나님 나라의 도래는 하나의 과정이다. 그것은 자란다. 처음에는 작았다가 점점 자라서 성숙함에 이른다.

동시에 예수님의 비유는 사람들의 일상과 하나님 나라의 성취를 나란히 병렬시킨다. 밤과 낮에 사람들은 잠을 자러 가거나 잠에서 깨어 일어난다(27절). 이것이 우리의 일상이다. 하나님 나라는 다른 종류의 리듬을 갖는다. 하나님 나라는 식물처럼 성장해서 추수하기에 이른다(28-29절). 두 개의 다른 리듬이 서로 교차할 때, "그때"가 도래한다. 사람들이 일상으로부터 깨어나 하나님 나라의 임재를 일상 한복판에서 인지하게 될 때, "그때"가 온다. 이때는 즉각적인 반응과 즉각적인 행동이 필요한 때다.

이 비유 다음에는 겨자씨 비유가 나온다.

"또 이르시되 우리가 하나님의 나라를 어떻게 비교하며 또 무슨 비유로 나타낼까 겨자씨 한 알과 같으니 땅에 심길 때에는 땅 위의 모든 씨보다 작은 것이로되 심긴 후에는 자라서 모든 풀보다 커지며 큰 가지를 내나니 공중의 새들이 그 그늘에 깃들일 만큼 되느니라"(마 가복음 4:30-32).

이전 구절과 비슷하게, 예수님은 여기서도 하나님 나라가 눈에 띄지 않게 시작해서 점차 눈에 띄게 성장한다는 것을 강조하신다. 이 비유에서 의도된 대조를 우리는 금방 눈치챌 수 있다. 처음에는 거의 알아볼 수 없을 정도로 작게 시작하지만, 마지막에는 놀라울 정도로 엄청난 결과를 만들어낸다.

하나님 나라의 아이러니가 여기서도 등장한다. 현대 그리스도인들과 마찬가지로 1세기 예수님의 청중들은 하나님 나라를 사람들이 상상할 수 있는 가장 놀라운 사회적이고 영적인 성취로 생각했다. 이들은 하나님 나라의 장관, 능력, 아름다움을 상상했다. 그러나 예수님은 하나님 나라가 충만해지면, 그것이 거대한 삼나무나 단단한 떡갈나무가 아니라 관목이 된다고 말씀하신다. 이런 방식으로 예수님은 사람들이 기대하는 방식과는 전혀 다른 모습의 하나님 나라를 그리신다. 하나님 나라는 우리가 상상할 수 있는, 혹은 그것을 넘어서는 가장 거대한 제국

4장 하나님 나라를 구한다는 것 **107**

이 아니다. 여기서 예수님은 당시 청중들이 알고 있던 장엄함의 의미를 바꿔버리신다. 그분은 청중들에게 묘한 방법으로 도전하시면서, 하나님의 방식이 종이 되고 십자가를 지는 것이라고 말씀하신다.

씨앗 비유들에서 예수님은 하나님 나라에 대한 1세기 사람들의 거품 같은 기대를 터트리신다. 예수님은 당연히 오늘날 그리스도인들이 꿈꾸는 수많은 거품도 터트리신다. 예수님은 자신의 청중들에게 하나님 나라의 본질에 대한 그들의 잘못된 이해를 재조정하라고 도전하시고, 하나님의 통치가 세상으로 침투해 들어올 때 처음에는 매우 작게 시작된다는 사실을 자신의 사역에서 발견하라고 말씀하신다. 이런 방식으로 예수님은 우리가 사는 세상이 하나님 나라의 가치와 관심을 항상 반영하지는 못하다고 말씀하신다. 그러나 그분은 우리가 우리의 눈과 귀를 열고 하나님 나라의 현존에 대한 증거를 우리 매일의 삶 속에서 발견하라고 권면하신다.

나아가 이 비유들, 특히 첫 번째 비유는 하나님 나라의 현존이 우리가 승인해야 하는 어떤 것이 아니라는 사실을 분명하게 한다. 하나님 나라의 현존은 행동과 반응을 요청할 뿐이다.

제자도, 하나님 나라에 대한 응답

씨앗 비유들은 하나님 나라에 대한 우리의 응답과 관련
해서 예수님의 새로운 가르침을 담고 있는 것이 아니다.
오히려 이것은 하나님 나라에 대한 예수님의 첫 번째 선
포와 맥을 같이 한다. 마가복음 1:15에 나오는 "복음"에
대한 두 종류의 선포는 우리의 반응을 요청한다. "때가
찼고 하나님의 나라가 가까이 왔으니 회개하고 복음을
믿으라!" 하나님 나라의 도래는 새로운 시간, 새로운 삶
의 방식, 새로운 존재 양태를 불러일으킨다. 하나님 나라
는 역사로 침투해 들어오기에, 우리의 삶은 더 이상 이전
과 같을 수 없다. 사람들은 새로운 생명, 회개와 믿음의
삶, 즉 하나님의 현존과 관련된 기쁜 소식에 달라붙어 있
는 삶으로 부름받는다.

이런 새로운 삶의 방식은 복음에 대한 예수님의 선포
바로 다음에 잘 묘사되어 있다. 마가는 예수님의 가르침

4장 하나님 나라를 구한다는 것   **109**

을 잘 요약한 다음에(마가복음 1:14-15), 예수님이 제자들을 부르시며 공생애를 시작하고 있는 모습을 기록한다.

"갈릴리 해변으로 지나가시다가 시몬과 그 형제 안드레가 바다에 그물 던지는 것을 보시니 그들은 어부라 예수께서 이르시되 나를 따라오라 내가 너희로 사람을 낚는 어부가 되게 하리라 하시니 곧 그물을 버려 두고 따르니라"(마가복음 1:16-18; 또한 1:19-20도 읽어 보라).

하나님 나라가 이 세상에 침투해 올 때 우리는 어떻게 반응해야 하는가? "회개하고 복음을 믿는다"는 것은 어떤 의미인가? 마가는 시몬과 안드레에 대한 이야기를 하면서 이 질문에 답한다.

이 둘의 반응은 자세히 살펴볼 가치가 있다. 마가는 사실 그들을 본보기가 되는 제자들로 여긴다. 그들은 즉각 행동을 한다. 그들은 예수님이 말씀하신 바를 즉각 행한다. 그들은 그들이 살아왔던 이전의 삶의 방식, 그들이 공동체에서 누렸던 정체성, 보장받았던 안전함을 버리고 떠났다. 그들은 예수님의 부르심을 따라 일상에서 철저

110　　　　　　　하나님 나라

하게 그들의 삶의 방향을 바꿨다. 그들은 예수님의 공생애 동안 그분과 함께 동행했다. 그들은 실제로 예수님의 사역에 동참했고, 그분의 운명을 함께 나눌 것이다.[17]

먼저 그의 나라를 구하라

하나님 나라에 대한 예수님의 말씀을 묵상하면서, 우리는 동시에 예수님의 가르침을 따르는 오늘날의 교회가 가진 사명이 무엇인지 물어야 한다. 그리스도인들의 사명은 어떤 구체적인 형태를 가지는가? 하나님 나라를 예수님의 방식대로 받아들인다면, 위 질문에 대한 우리의 응답은 절대로 복음 전도와 사회 참여 **중 하나를 선택**하는 방식일 수는 없다. 오히려 우리의 응답은 개인을 하나님과 화해시키는 사역과 세상에 하나님의 평화와 정의를 구현하는 사역에 참여하는 것 **모두**가 되어야 한다.

왜 그런가? 하나님의 은혜는 우리가 살아가는 시공간,

---

17. 마가복음 3:13-15; 6:6-13; 10:35-45을 보라.

4장 하나님 나라를 구한다는 것   111

즉 **이 세상**에 부어진다. 따라서 우리는 예수님이 시작하신 사역을 이어받아야 한다. 이 사역은 모든 억압에 반대하는 일이다. 다만 이런 관점은 하나님의 충만한 통치가 아직은 이 세상에 이루어지지 않았다는 사실을 인정한다. "모든 무릎을 예수의 이름에 꿇게 하시고 모든 입으로 예수 그리스도를 주라 시인"하는 때가 아직 오지 않았다(빌립보서 2:10-11). 그렇기 때문에 하나님 나라에 대한 가르침이 만들어내는 사역은 오직 하나님만이 정의로 충만한 평화, 즉 샬롬을 결국 성취하실 것이라는 사실을 기억하면서 하나님의 미래를 건강하게 지향하는 것이다(표5를 보라).

이것은 우리 삶의 어떤 영역도 하나님 나라의 영향력 밖에서 존재하지 않는다는 사실을 의미한다. 이것은 또한 우리가 우리 삶의 모든 영역에서 하나님 나라를 섬기도록 개인적으로나 집단적으로 부름받았다는 사실을 가리킨다. 우리는 이런 방식의 행위가 하나님 나라를 **오게 하지** 않는다는 것을 안다. 하나님 나라를 오게 하시는 이는 하나님이시다. 예수님의 인격과 사역 안에서 하나님의 통치가 이 세상에서 시작될 때, 우리는 새 시대에 맞는 삶을 살면서 다른 사람들을 섬기도록 부름받는다. 그러는 동안 우리는 계속해서 하나님의 충만한 통치가 이루어지도록 기도할 것이다. "아버지의 나라가 오게 하소서!"

마태복음 6:33에 나오는 산상수훈을 새롭게 관찰해 보면, 하나님 나라에 대한 예수님의 선포가 가진 폭넓은 함의가 더 많이 드러난다. "그런즉 너희는 먼저 그의 나라와 그의 의를 구하라. 그리하면 이 모든 것을 너희에게 더하시리라." 이 구절은 이 세상을 살아가면서 적합한 우선순위를 정하기 어려워하는 많은 현대인에게 튼튼한 원리를 제공해 준다.

몇 년 전에 나는 한 집회에서 유명한 그리스도인 상담가의 강연을 들은 적이 있다. 삶의 우선순위에 대한 물음에 그는 다음과 같은 세 가지 요점을 가지고 대답했다. (1)우선순위의 필요성. (2)우선순위를 정하기 위한 성경적 기반. (3)실제적인 우선순위 제안. 가족 상담가로서 그는 그리스도인들이 삶에서 꼭 쥐고 있어야 하는 가장 높은 우선순위를 집중적으로 말했다. 친구들, 일, 교회는 그가 제안한 우선순위 목록에서 가장 높은 순위에

4장 하나님 나라를 구한다는 것　　113

있었다.

강연 후 질문하는 시간이 되었을 때, 강연장 뒤에 있
던 한 사람이 매우 좋은 반론을 제기했다. "그런데 우선
순위에서 하나님은 어디에 계시죠? 하나님과의 관계를
세워가는 것은 어디에 있나요? 경건한 삶에 대한 것은
없나요? 그리스도인으로서 이러한 것들이 우선순위 목
록에서 가장 먼저 나와야 하는 거 아닌가요?"

강연자는 깜짝 놀랐다. 그는 자신이 가장 중요한 것을
잊어버렸다는 사실을 믿을 수가 없었다! 그는 잠시 멈칫
했고 이내 평정심을 찾았다. 자신의 입장을 다시 정리하
면서, 그는 하나님과의 관계가 우선순위 목록에서 가장
높은 곳에 위치해 있어야 한다고 강조했다.

이 경험을 되돌아보면서 나는 그가 정말로 틀렸는지
모르겠다는 생각을 했다. 왜 그가 자신의 우선순위 목
록을 바꿨는지 의아스러웠다. 나는 경건한 삶에 대한
이야기를 실수로 빠뜨린 그가 오히려 예수님이 선포하
신 하나님 나라에 대한 진리에 훨씬 더 가깝다는 생각
이 들었다.

복음을 중시하는 이들은 "하나님과 함께하는 시간",

"하나님을 위해 시간을 따로 빼놓는 것", "경건한 삶", "조용한 시간"을 오랫동안 강조해 왔다. 그런데 경건한 삶에 대한 이러한 강조는 많은 이들이 그리스도인의 삶을 오해하게 만들었다. 어떤 사람은 경건한 삶을 **일상의 삶에서** 분리시켰다. 개인의 예배가 **일상에서** 분리되어 버린 것이다. 경건한 기도와 말씀 묵상을 30분 정도 한 후에, 어떤 사람은 "가장 우선순위의 일을 처리했으니, 이제 나머지 일과를 처리해야지"라는 생각을 너무 쉽게 한다.

또 어떤 사람은 신실한 그리스도인의 의무를 경건한 삶을 충실하게 유지하는 것 정도로 여긴다. 이런 사람에게 "하나님 나라를 구하는 것"은 기도, 매일 성경 읽기, 지역 교회에서의 활동 같은 "거룩한" 일들을 주기적으로 하는 것을 뜻한다.

지난 몇 년 동안 나는 다음과 같은 질문들을 다양한 사람들에게 했다. (1)당신은 어디에서 예배하는가? (2)당신이 가장 최근에 하나님과 함께 했던 시간을 보낸 것은 언제인가? 사람들은 대부분 첫 번째 질문에 그들이 출석하고 있는 지역 교회 이름을 대는 것으로 대답했다. 두 번째 질문에 대해서는 대부분 **최근의** 주일 예배, 가족 예배, 아침 기도, 묵상 시간을 답으로 제시했다. 이런 이해는 마태복음 6:33에 나오는 예수님의 말씀과 충돌하고 하나님 나라를 마음에 품고 사는 믿음 생활과도 상충한다.

예수님은 제자가 될 사람들에게 "하나님 나라를 먼저 구하라"라고 말씀하실 때, 정말로 "하나님과 나의 관계"를 가장 높은 우선순위로 놓으셨던 것일까? 산상수훈의 이 구절을 더 자세히 읽어보면, 하나님을 우리의 우선순위 목록에서 가장 윗자리에 두는 것이 우리가 절대로 하면 안 되는 것임을 알게 된다!

어떤 사람은 이렇게 말하는 것을 불경한 것이라고 받아들일 수도 있다. 이들은 이렇게 말할 것이다. "이 말씀을 봐! 마태복음 6:25-34은 그런 방식으로 우선순위를 놓지 않아. 이 말씀은 '무엇을 먹을까? 무엇을 마실까? 몸을 위하여 무엇을 입을까? 염려하지 말라. 하나님 나라를 먼저 구하라'라고 말씀하고 있어!" 이 말을 근거로 우리가 "하나님 나라를 구하는 것"을 우리의 우선순위 목록에서 가장 높은 곳에 두어야 한다고 말하는 것이 맞는가? 이것이 정말로 예수님이 가르치시고 계신 것일까?

마태복음 6:33을 다음과 같이 조금 다르게 표현하는 것이 이 말씀의 진정한 의미에 더 가깝다고 나는 생각한다. 이런 식으로 말이다. "하나님 나라를 너희 삶의 중심에 두어라. 우선이 아니라." "하나님 나라가 너희 삶의 기준이 되게 하라." "하나님 나라가 너희가 어떻게 살아가고, 어떻게 일하고, 어떻게 소통하고, 어떻게 여가 시간을 보낼지 결정하게 하라." 이러한 해석은 헬라어 원문과도 어울린다. 이 말씀에서 "먼저"라고 번역된 헬라어 프로토스는 복음서에서 "연속된 일의 처음"을 뜻하기도 하지만 "모든 것들이 의존하는 중심"을 의미하기도 한다.

다시 말하면, 하나님 나라를 우선순위 목록 처음에 놓는 것이 아니라, 오히려 하나님 나라가 우리의 우선순위 목록을 모두 결정하게 하는 원리가 되게 하라는 것이다!

마태복음 6:33에 나오는 예수님의 말씀에 대해 우리가 적절하게 응답하고 있는가를 알고 싶다면, "내가 오늘 기도했는가?" 혹은 "내가 오늘 성경을 읽었는가?"라는 질문보다 **더 깊이 있는** 질문을 던져야 한다. 이런 영적인 일들이 중요함에도 불구하고, 이런 것들은 사실 예수님이 전하고 계신 메시지의 중심에 있지는 않다. 우리는 더 나아가야 한다. 더 깊게 파고들어야 한다. 우리는 다음과 같은 질문을 던져야 한다. 하나님 나라가 내가 하는 일과 어떤 관련이 있는가? 내가 투표하는 방식과는 어떤 관계가 있는가? 가족들과 보내는 시간과는? 내가 일하는 방식과는? 내가 운전하는 방식과는? 내가 출석하는 교회와는? 내 친구들과는? 내가 옆집에 사는 사람들을 대하는 방식과는? 이와 같은 질문들은 수없이 나열될 수 있다.

교회의 사명은 무엇인가? 하나님 나라에 대한 말씀에 경청하는 기독교 공동체는 교회의 사명이 삶의 전 영역을 포괄하는 것이어야 한다는 사실을 깨달을 것이다. 왜냐하면 교회는 하나님 나라를 섬기라고 부르심을 받았고, 그 하나님 나라에는 경계가 없기 때문이다. 하나님의 통치는 삶의 전 영역으로 뻗어 나아간다. 삶의 전 영역은 모든 사람의 내면만 아니라, 육아의 기쁨과 어려움, 도시에서의 삶의 아름다움과 추함 등을 모두 포함한다. 로버트 뱅크스(Robert Banks)는 대단히 흥미롭고 유익한 책《일

상생활 속의 그리스도인》(*All the Business of Life*)을 썼다.[18]
이 책은 하나님 나라의 현존이 직장에서의 일, 집안일,
쇼핑, 스포츠, 수면, 교육, 출퇴근, 원예, 즉 "삶의 모든
영역"과 관련이 있음을 보여 준다. 그리스도인의 사명도
이와 같은 모든 현실과 관련이 있다.

〈크리스채너티 투데이〉(Christianity Today)와의 인터뷰
에서, 오레곤주 출신의 유명한 상원의원이었던 마크 햇
필드(Mark Hatfield)는 예수님의 메세지를 제대로 이해했
다. 그는 그리스도에 대한 그의 헌신이 상원의원으로 일
하는 데 얼마나 큰 영향을 미치느냐는 질문을 받았다. 이
에 대해 그는 이렇게 답했다.

"그리스도에 대한 나의 헌신은 나의 삶을 인도한다. 나
는 그리스도인으로서 나의 가치관을 세우고, 좋은 관계
를 만들고, 다른 사람들에게 관심을 기울이면서 사랑하
고, 성육신 안에 나타난 복음의 진리를 내 삶에서 이루

---

18. Robert Banks, *All the Business of Life: Bringing Theology Down-to-Earth*
(Sutherland, New South Wales, Australia: Albatross, 1987). 《일상 생활 속의
그리스도인》(IVP).

4장 하나님 나라를 구한다는 것   **119**

어 가면서 살아가려고 노력하는데, 상원의원으로 활동하는 것은 이러한 일의 일부분일 뿐이다. 하나님의 은혜는 우리의 삶을 통해 다른 사람들에게 지속적으로 흘러간다. 그래서 내가 상원에 있든 지금 당신과 함께 있든 나는 복음에 합당한 삶을 살아가려고 노력할 뿐이다."[19]

예수님이 요구하신 삶의 방식은 삶의 다른 영역 **옆에** 하나님 나라를 추구하는 것을 두는 것이 아니다. 하나님 나라를 구하는 것이 삶의 모든 영역에 **영향을 미치게 하는 것이 우리의 궁극적인 목표**다. 어떤 것도 예외가 될 수 없다. 가족 관계, 교회 생활, 경건한 시간, 정치 활동, 사회 활동 등 어떤 것도. 어떤 결정도, 어떤 헌신도 하나님 나라의 영향력에서 벗어날 수 없다. 예수님은 삶의 방향을 근본적으로 바꾸는 것을 요구하시고, 하나님 나라를 섬기는 것을 삶의 중심에 두라고 명령하신다.

---

19. "Mark Hatfield Taps into the Real Power on Capitol Hill," *Christianity Today*(October 22, 1982), p. 20.

이는 모든 그리스도인에게 주어진 도전이다. 우리의 부르심은 매일의 제자도에 있다. 먼저 하나님 나라를 구하라!

숙고를 위한 질문

1. 이번 장 초반에 우리는 제임스 던이 영국 북동부에 임한 하나님 나라를 여러 사례를 통해 보여 주었음을 알게 되었다. 그가 보여 준 사례들은 하나님 나라에 대한 예수님의 선포와 어울리는가?

2. 마가복음 1장 15절은 하나님 나라에 대한 예수님의 선포가 사람들의 반응을 요구한다고 기록한다. 여기서 "회개하고 복음을 믿으라"는 말은 무엇을 의미하는가?

3. 당신의 공동체에서 하나님 나라에 응답하며 사는 사람들을 보았다면, 그들은 어떠한 방식으로 응답하며 살고 있는지 말해보라.

4. 하나님 나라의 관점에서 보면, 우리는 어떤 방식으로 쇼핑을 해야 하는가?

5. 오늘날의 교회가 하나님의 미래 구원 행위를 염두에 두고 교회의 사명을 이해하는 것이 얼마나 중요하다고 생각하는가? 이런 관점에서 본 교회의 사명은 어떤 것인가?

옮긴이의 글

그리스도인은 모두 하나님 나라를 꿈꾸며 산다. 현대 그
리스도인만 아니라, 이전에 하나님을 섬겼던 많은 이들
도 하나님 나라를 꿈꿨다. 예언자들도, 묵시사상가들도
자신만의 방식으로 하나님 나라를 열망했다. 예언자들
은 자신이 살던 땅에 정의로 가득한 평화, 즉 샬롬이 임
할 것이라고 믿었다. 묵시사상가들은 악으로 가득한 이
세대, 이 땅에 회의를 느꼈고 미래 어느 시점에 하나님이
세상을 완전히 뒤집어 놓으실 것이라 기대했다.

조엘 B. 그린은 이 책을 통해 서로 모순인 것처럼 보
이는 이 두 가지 관점, 즉 하나님 나라에 대한 예언자적
관점과 묵시적 관점이 신약 성경에서 통합된다는 사실을
보여 준다. 하나님 나라를 입체적으로 묘사하면서, 하늘

과 땅 사이를, 미래와 현재 사이를, 신비와 일상 사이를 잇는다. 하늘의 이야기가 땅의 삶과 무관하지 않다. 미래의 이야기가 현재를 살아가는 그리스도인에게 단순히 '단꿈'만은 아닌 것이다. 하나님 나라의 신비는 저 멀리 있는 어떤 것이 아니다. 이 모든 것은 그리스도인의 일상적 삶을 다스린다. 하늘과 미래와 신비에 대한 그리스도인의 동경은 오늘을 힘있고 건강하게 살게 하는 원동력이 된다.

그러면서 이 책은 하나님 나라와 제자도가 서로 뗄 수 없는 관계임을 천명한다. 하나님 나라에 대한 정당하고 올바른 기대가 없으면, 우리가 발을 딛고 있는 이 땅에서 바르게 살 수 없다. 거꾸로 말하면, 그리스도인으로서 이 땅에서 바르게 살지 못하고 있다면, 하나님 나라를 제대로 꿈꾸고 있지 않기 때문이다. 하나님 나라에 대한 기대는 너무나 자연스럽게 변화를 열망하게 만든다. 변화에 대한 열망이 없으면, 하나님 나라를 꿈꿀 이유가 없다. 하나님 나라의 본질은 변화에 대한 약속이기 때문이다. 단순히 미래에 벌어질 우주적 변화를 약속하는 것만이 아니라, 악이 팽배하고 모순으로 가득한 이 땅을 하나님이 서서히 변화시키실 것이라고 약속한다. 우리가 이 변화의 온전한 주체가 될 순 없지만, 하나님은 우리를 도구로 삼아 세상과 온 우주를 변화시키신다. 전적인 하나님의 주권 아래서, 우리는 변화를 열망하고 실현하게 된다.

이 책을 번역하면서 마음이 뜨거워졌다. 하늘과 땅에

서, 미래와 현재에, 신비하고 일상적인 방식으로, 하나님이 왕이 되셔서 통치하시는 모습을 마음에 그려 보았다. 조엘 B. 그린은 우리의 마음을 뜨겁게 하는 아름다운 그림 한 폭, 즉 하나님 나라에 대한 그림을 이 책에서 그려 준다. 이 그림을 감상하며, 독자들도 하나님 나라를 더욱 열망하게 되기를 소망한다.

좋은 책을 소개해주시고 번역할 것을 제안해 주신 김태희 대표와 모자란 번역을 깔끔하게 다듬어준 편집팀에게 감사의 마음을 전한다. 번역에 부족한 점이 있다면 모두 나의 부족함 때문이다.

하나님 나라

초판 1쇄 인쇄 2021년 11월 10일
초판 1쇄 발행 2021년 11월 17일

지은이 조엘 B. 그린
옮긴이 정은찬

펴낸이 김태희
펴낸곳 터치북스

출판등록 2017년 8월 21일(제 2020-000174호)
주소 경기도 고양시 덕양구 통일로 800, 2층(관산동)
전화 031-963-5664 팩스 031-962-5664
이메일 1262531@hanmail.net

ISBN 979-11-85098-43-2

책값은 표지에 있습니다.
잘못 만들어진 책은 구입한 곳에서 바꿔 드립니다.